KB240284

교사 주변
돈의 흐름

교사 주변
돈의 흐름

초판 1쇄 발행 2025년 12월 18일

지은이 돈미샘

펴낸이 이형세
펴낸곳 테크빌교육(주)
주소 서울시 강남구 언주로 551, 프라자빌딩 5층 (출판기획팀)
전화 02-3442-7783(333) | **팩스** 02-3442-7793

편집 한아정 | **디자인** 기민주

ISBN 979-11-6346-206-4 (03370)
• 책값은 뒤표지에 있습니다.

테크빌교육 채널에서 교육 정보와 다양한 영상 자료, 이벤트를 만나세요!

티처빌 teacherville.co.kr
쌤동네 ssam.teacherville.co.kr
체더스 www.chathess.com

이 책의 무단 전재와 무단 복제를 금합니다.
잘못 만들어진 책은 구입하신 서점에서 교환해 드립니다.

교사에게 주어진 돈의 규칙과 기회들

교사 주변 돈의 흐름

돈미샘 지음

테크빌교육

돈미새 + ㅁ 이야기

"돈으로 행복을 살 수 없다면, 혹시 돈이 모자란 건 아닌지 확인해 보자."

제가 참 좋아하는 말입니다. 이 말이 전적으로 옳아서라기보다는, 제 생각과 맞닿은 부분이 많고 무엇보다 재미있는 말이기 때문입니다.

저는 서울에서 태어나 곧바로 경기도 외곽의 시골 마을로 이사했습니다. 그곳에서 어린 시절과 청소년기를 보내고 사회초년생 시절까지 지냈습니다. 요즘은 초등학생들도 아파트 브랜드, 평수, 자가·전세·월세 여부로 급을 나눈다지만, 제가 자란 동네에는 그런 개념이 없었습니다. '아파트'라고 부를 만한 단지가 하나 있긴 했지만, 브랜드 아파트도 아니어서 그런 이야기를 꺼낼 이유조차 없었습니다.

동네의 '아파트'는 법적으로 빌라나 연립주택의 층수를 간신히 넘긴 5~6층짜리 건물들이었고, 엘리베이터도 없었습니다. 엘리베이터가 있는 건물은 두 곳뿐이었습니다. 앞서 말한 그 단지와, 6층짜리 복도식 아파트 한 동이 전부였습니다. 어린 시절의 저는 그 복도식 아파트가 그렇게 좋아 보였고, 덕분에 오랫동안 제 기억 속에 '복도식 아파트 = 엘리베이터 있는 좋은 집'이라는 공식이 자리 잡았습니다.

부탄이라는 나라 이야기도 종종 떠오릅니다. 세계에서 가장 행복한 나라로 불리던 곳이지요. 가진 것은 많지 않지만 '자신이 가진 것에 만족하는 삶'을 사는 사람들이 많다고 했습니다. 그런데 최근 기사에서는 부탄의 행복지수가 100위권 가까이 추락했다고 하더군요. 이유는 SNS였습니다. 인터넷을 통해 세상의 다양한 모습을 접하면서, 이전에는 행복하다고 믿었던 사람들이 비교 속에서 행복을 잃게 되었다는 내용이 인상 깊었습니다. 그 기사를 읽으며 자연스럽게 제 어린 시절을 떠올렸습니다. 아내와 이야기를 하다 보면 이런 대화가 종종 오갑니다.

상황 1. 햄버거 프랜차이즈 매장을 지나갈 때

아내 : "어릴 때 생일파티는 늘 저런 곳에서 했지, 그치?"

돈미샘 : "우리 동네엔 그런 매장이 없었어."

아내 : "그럼 반장이 운동회 때 햄버거 돌리고 그런 것도 없었어? 그럼 뭘 줘?"

돈미샘 : "김밥."

(둘 다 웃음)

아내 : "어릴 때 부모님이랑 마트 돌면서 시식하는 게 정말 재미

있었는데."

돈미샘 : "우리 동네엔 마트가 없었어."

(둘 다 웃음)

상황 3. 영화관 앞에서

아내 : "어릴 때는 집 앞에 영화관이 있었지."

돈미샘 : (웃음)

　제가 살던 곳은 아파트뿐 아니라 생활 수준 전반에서도 '좋은 동네'라고 하긴 어려웠습니다. 대형마트 하나 없고, 전철은 30분에 한 대꼴로 다녔습니다. 프랜차이즈라 해봐야 치킨집과 김밥집이 전부였죠. 부모님 세대 대부분은 자영업을 하셨고, 집의 형태와 상관없이 비슷한 형편이었기에 누가 잘살고 못산다는 말 자체가 없었습니다.

　영화관, 햄버거 가게, 마트를 가려면 버스를 타야 했습니다. 불편하다는 생각조차 하지 않았습니다. 그게 일상이었으니까요. 그래서였을까요. 그 시절의 삶은 단순하지만 충분히 행복했습니다.

　부모님도 동네에서 작은 음식점을 운영하셨습니다. 쉽지 않은 일이었지요. '좋지 못한 동네'에서 장사를 한다는 건 상상 이상으로 힘든 일이었습니다. 그래도 부모님은 늘 자식들이 여름엔 시원하고 겨울엔 따뜻한 곳에서, 남에게 무시받지 않는 사람으로 자라길 바라셨

습니다.

다행히 저희 형제는 그 바람대로 성장했습니다. 형은 부모님의 권유로 대학에 갔지만 지금은 만족하며 살고, 저는 자연스럽게 교대 진학을 택했습니다. 이유는 달랐지만 결과적으로 '교사'라는 공통된 직업을 선택하게 된 셈입니다. 제가 원하던 삶의 조건은 단순했습니다.

- 밖에 나가 부끄럽지 않은 직업을 가질 것
- 끼니마다 밥상에 고기가 오를 것
- 최신 게임을 할 수 있는 좋은 컴퓨터가 있을 것
- 게임을 할 시간적 여유가 있을 것

공부에는 흥미가 없었기에, 제 능력선에서 가장 현실적인 선택을 찾다 보니 '교사'가 매력적으로 보였습니다. 적당한 사회적 인식, 안정된 월급, 일반 직장보다 자유로운 시간. 그래서 교육대학교에 진학했고, 졸업과 동시에 교사로 발령받았습니다. 어찌 보면 저는 '한국 속의 작은 부탄'에서 자라 지금의 직업을 선택한 셈입니다.

하지만 실제 교사 생활은 생각보다 녹록지 않았습니다. 민원을 자주 넣는 학부모, 수업 태도가 산만한 학생들, 주말 업무와 각종 대회 준비, 선배들과의 회식 문화까지…. 이런 일들이 쌓이면서 저는 어느새 "정년까지 설렁설렁 다니겠다"던 초년 교사에서, "이대로는 안 되겠다"고 결심한 '돈미샘'으로 바뀌어 있었습니다.

제가 생각하는 행복의 정의는 이렇습니다.

"하고 싶은 일을 하고 싶을 때 하고, 하기 싫은 일은 하지 않을 수 있는 상태."

교사로서의 삶은 그와는 거리가 있었습니다. 하고 싶은 일을 마음 껏 하지 못했고, 원치 않는 일은 너무 많았습니다. 이 현실을 바꾸기 위해 저는 재테크 공부를 시작했습니다. 돈으로 행복을 살 수 없다는 말에도 진리가 있지만, 그 문장은 이렇게 덧붙여야 완성된다고 생각 합니다.

"돈으로 모든 행복을 살 수는 없다. 그러나 충분한 돈이 있다면 대부분의 행복은 살 수 있다."

저에게 행복이란 고기가 포함된 밥 세 끼를 먹으며 여유롭게 컴퓨 터 게임을 할 시간입니다. 반대로 불행은 교직 생활 그 자체였습니다. 그래서 저는 '돈이 있다면 불행의 원인을 줄일 수 있다'고 믿었습니 다. 재테크를 공부하며 실패도, 작지만 달콤한 성공도 겪었습니다. 운 좋게도 이제는 '이 직업이 아니더라도' 생계를 유지할 수 있을 만큼은 되었지요. 그러나 역설적으로, 그 덕분에 교사라는 직업이 더 매력적 으로 느껴지기 시작했습니다. "이 일 말고도 살 길이 있다"는 여유가 생기자, 굳이 떠날 이유도 사라졌습니다.

온라인에서 이런 글을 올리면 "현실을 모른다", "특별하니까 그런 말을 한다"는 반응이 돌아옵니다. 하지만 이 책은 그런 '특별한 사람'

의 이야기가 아닙니다. 평범한 교사도 쉽게 따라 할 수 있는, 여유로운 노후를 위한 현실적 방법을 전하려는 책입니다.

저는 '돈으로 모든 행복을 살 수 있다'는 말에는 동의하지 않습니다. 하지만 '돈이 없어서 불행한 삶'을 막는 것은 누구에게나 가능하다고 믿습니다. 어렵지 않은 일들을 꾸준히 실천하면, 보다 여유로운 노후를 만들 수 있습니다.

지금의 저는 교사 월급과 연금만으로도 혼자 살아가는 데 큰 어려움이 없습니다. 그러나 가족이 아파도 병원비가 없거나, 아내와 아이가 하고 싶은 일을 돈 때문에 포기한다면 그건 분명 불행한 삶일 것입니다. 저에게 행복의 정의는 여전히 같습니다. "하고 싶은 일을 하고 싶을 때 하고, 하기 싫은 일은 하지 않는 것." 다만, 이제 그 안에는 '나'뿐 아니라 '가족'이 함께 있습니다.

이 책을 읽는 선생님들께도 여러 고민이 있을 거라 생각합니다. 교직이 버겁거나, 투자가 두렵거나, 생활비가 빠듯하거나, 노후가 걱정되실 것 같습니다. 저는 이 책을 통해 단기적 쾌감이 아닌, '오래도록 행복하고 건강한 삶'을 위한 여유로운 노후 설계법을 함께 이야기하고자 합니다. 그럼, 이제 본격적으로 이야기를 시작해 보겠습니다.

2025년 12월

돈미샘

· 차례 ·

Chapter 1

교사는 돈 이야기를
하면 안 된다?

제가 길지 않은 삶을 살아오며 다양한 사람을 만나보았지만, 이 나라에서 교사만큼 자기검열이 강한 직업도 드물다고 생각합니다.

경찰이나 다른 직렬의 공무원, 회사원, 현장 노동자, 사업가 등 여러 직업의 사람들과 대화를 나누었지만, '우리는 이래야 한다'는 규범을 교사만큼 철저히 지키며 사는 직업은 보기 어렵습니다.

교사는 학생들에게 모범이 되어야 하고, 밖에서는 학부모를 만날 수 있으니 행실을 조심해야 하며, 온라인에서도 교사의 품위를 지켜야 한다는 압박을 자주 받습니다. 심지어 교육 외의 다른 생각은 해서는 안 된다는 인식도 여전히 남아 있습니다. 이런 분위기는 어디서부터 시작된 것일까요?

이러한 자기검열의 경향은 일상적인 생활 태도뿐만 아니라, '돈'이라는 주제를 이야기할 때에도 두드러지게 나타납니다. 이에 대한 경험을 하나 말씀드리고자 합니다.

약 10년 전 제가 근무하던 학교에는 '남교사 친목회'가 있었습니다. 당시에는 학교 내의 무거운 물건을 옮기거나 텃밭을 정리하는 등의 일을 외부 인력 없이 해결하는 경우가 많았습니다. 이런 일을 마치고 나면 자연스럽게 남교사들이 모여 회식을 하곤 했습니다. 가끔은 교장선생님께서 인당 2만 원 정도의 회식비가 포함된 카드를 지원해 주시기도 했지만, 대부분은 회비를 각출하여 모임을 진행했습니다.

신규 교사 시절의 저는 이 모임이 반드시 참석해야 하는 자리라고 생각했고, 많지 않은 월급 중 일부를 나누어 제가 마시지 않은 술값까지 N분의 1로 계산하며 매달 참석했습니다. 어느 날 모임 자리에서 관심사에 대한 이야기가 나오자, 저는 부동산과 주식 투자에 관심이 있다고 말씀드렸습니다. 모든 분들이 그런 것은 아니었지만, 몇몇 분들은 다소 격한 반응을 보이셨습니다. "교사는 교육에만 전념해야지, 돈 이야기를 하는 것은 교사답지 않다"라는 말씀이었습니다.

저는 그 말을 들은 뒤 굳이 논쟁을 이어가지는 않았습니다. 그 당시만 해도 교사뿐 아니라 사회 전반적으로 '주식은 위험하다', '부동산은 투기다'라는 인식이 강했기 때문에, '이 집단도 비슷하구나' 정도로 받아들였습니다.

그로부터 10년이 지난 지금은 시대가 크게 달라졌습니다. 이제 대부분의 사람들이 '재테크를 하지 않으면 손해다'라는 생각을 가지고 있고, 교사들 사이에서도 재테크에 관심을 가지는 분들이 많이 늘어났습니다. 그러나 여전히 돈 이야기에 불편함을 느끼는 분들도 계십니다.

제가 돈과 관련된 글을 쓰면 응원해 주시는 분들도 많지만, 한편으로는 "선생님이 돈 이야기를 하는 것이 불편하다"는 반응을 하시는 분들도 있습니다. 이렇다 보니 교사들 사이에서는 여전히 '돈 이야기는 조심해야 하는 주제'로 여겨집니다.

개인적인 의식은 많이 달라졌지만, 교무실이나 연구실처럼 교사들이 집단으로 모여 있는 공간에서 돈 이야기를 꺼내면, 여전히 어색한 분위기가 만들어집니다. 혹시 실험삼아 해보신다면, 비슷한 경험을 하실 수도 있을 것입니다. 돈을 잃은 경험담이 주를 이루거나, 서로의 방식에 대해 논쟁이 벌어지거나, 누군가 돈을 벌었다는 이야기에는 시기와 불편함이 섞이기도 합니다. 결국, 불특정 다수를 상대로 돈 이야기를 꺼내는 것은 득보다 실이 많습니다.

그 결과 돈에 관심이 있는 교사들은 온라인 커뮤니티나 소규모 모임에서만 정보를 나누게 됩니다. 좋은 정보를 알려줘도 직접적인 보상이 돌아오지 않고, 혹여 누군가 실패하면 괜히 원망을 들을 수도 있기 때문입니다. 심지어는 남이 돈을 버는 것만으로도 불편해하는 시선이 존재합니다.

저는 교사가 경제적으로 여유로워지기 위해서는 이러한 '침묵의 문화'가 바뀌어야 한다고 생각합니다. 돈에 대한 이야기가 금기시되지 않고, 서로의 경험과 지식을 나누며 건전한 토론이 이루어질 때 교사 사회의 경제적 감수성도 함께 성장할 수 있습니다.

저 역시 이러한 분위기 속에서 실명이 아닌 '돈미쌤'이라는 필명으로 활동해 왔습니다. 연수를 하다 보면 제 이름을 모른 채 제 강의를 듣는 분들도 있고, 같은 학교 선생님이 수강생 명단에 있는 경우도 있습니다.

'돈에 관심이 많은 교사'라는 인식이 혹시라도 부정적으로 비칠까 우려했던 것도 사실입니다. 교직 특성상 "학교 일은 소홀히 하면서 외부 강의만 다닌다"는 오해를 살 수 있기 때문이었습니다. 지금 돌아보아도 신중한 판단이었다고 생각합니다.

하지만 올해는 조금 다른 생각을 가지게 되었습니다. 우연한 계기로 동학년 선생님들과 돈과 재테크에 대해 터놓고 이야기할 수 있는 분위기가 만들어졌기 때문입니다. 쉬는 시간이나 점심시간에 자연스럽게 투자나 앱테크 이야기를 나누게 되었고, 서로의 정보를 비교·공유하며 새로운 아이디어를 배우게 되었습니다.

이제는 눈치를 보지 않고 질문하거나 의견을 나눌 수 있습니다. 각자가 알아온 정보가 다르기 때문에 혼자 공부할 때는 놓쳤던 부분을 새롭게 배울 수 있습니다. 2025년 5월 기준으로, 저희 동학년 선생님들 모두가 각자의 방식으로 부수입을 만들기 시작했습니다.

교사는 사람입니다. 직장인이며, 생활인입니다. 교사가 돈 이야기를 해서는 안 된다는 인식은 바뀌어야 합니다. 돈 이야기를 한다고 해서 교사로서의 품위가 훼손되는 것은 아닙니다. 오히려, 교사가 경제적 안정과 여유를 확보할수록 학생들에게 더 좋은 영향을 줄 수 있다고 생각합니다.

자신에게 가장 큰 영향을 주는 다섯 명의 평균이 곧 자신이라는 말이 있습니다. 재테크도 마찬가지입니다. 함께 공부하고 이야기할 수 있는 동료 집단이 있을수록 성공 확률이 높아집니다. 교직 내외에서 돈 이야기를 건강하게 나눌 수 있는 커뮤니티를 만들어 보시기를 권합니다. 그것이 교사로서 경제적 성장을 시작하는 첫걸음이 될 것입니다.

• Chapter 2 •

나는 어떤 사람이고,
교사는 어떤 직업일까

경제적으로 나는
어떤 사람일까

요즘 '메타인지'라는 단어가 자주 언급됩니다. 자신에 대해 잘 아는 일은 재테크뿐 아니라 어떤 일을 하더라도 매우 중요합니다. 재테크에서도 마찬가지로 '나'를 파악하는 일은 핵심입니다. 앞으로 세울 모든 계획이 결국 '나'를 위한 것이기 때문입니다.

재테크와 관련하여 '나'를 파악하는 과정에서 도움이 될 만한 질문을 드리겠습니다. 차분히 생각해 보시고 답해 보시기 바랍니다.

① 나는 어떤 특징을 가진 사람인가?

② 나의 능력은 어느 정도인가?

③ 내가 원하는 삶은 어떤 모습인가?

④ 그 삶을 살기 위해서는 어느 정도의 돈이 필요한가?

교사 생활과 급여에 불만이 크신 분들은 ①과 ②, 그리고 ③에 대해 고민하는 과정에서 자신이 '교사'라는 직업과 맞지 않는다는 결론에 이르실 수도 있습니다. 그러나 교사와 맞지 않는다고 해서 반드시 더 높은 소득의 직업을 새로 가져야 하거나 무조건 더 많은 돈을 벌어야만 하는 것은 아닙니다. 저의 기준과 교사 커뮤니티에서 자주 논의된 기준을 참고하여, 우선 두 가지 질문에 대해 살펴보겠습니다.

① 나는 어떤 특징을 가진 사람인가?

저는 감정 변화가 크지 않고 대부분의 상황에서 침착하며, 기본적으로 긍정적인 편입니다. 그래서 학교에서 학부모나 학생으로 인해 돌발 상황이 발생하더라도 크게 당황하지 않으며, 일상생활이 흔들릴 정도의 스트레스를 받는 일이 거의 없습니다. 수면 시간은 매일 8시간 이상이 필요하고, 취미는 게임입니다.

학교에서 다소 무례한 학생을 보더라도 "배움의 과정에서 있을 수 있다"는 태도로 넘어가며, 업무 중 실수가 있어도 "사람이라면 있을 수 있다"는 마음으로 회복을 우선합니다. 이러한 성향 덕분에 예전과 달리 교직 생활이 큰 스트레스로 다가오지 않습니다. 따라서 이 생활을 오래 지속할 수 있다고 판단합니다.

반대로 감성이 풍부하고, 돌발 상황에서 극도의 불안을 느끼며, 학부모·학생과의 상호작용에서 쉽게 소진되는 분이라면 '일을 쉽게 하는 방법'을 아직 체득하지 못하셨거나, 교직과의 적합성이 낮을 가능성도 있습니다. 다만 학교생활에서 오는 어려움 가운데는 마인드셋 조정만으로도 완화 가능한 영역이 적지 않습니다. 스트레스를 느낀다고 곧바로 교직과의 부적합을 단정하기보다는 시도할 수 있는 방안을 먼저 적용해 보시면 좋겠습니다. 그래도 스트레스가 해소되지 않는다면 그때 진지하게 교직 적합성을 점검하는 것이 순서입니다.

② 나의 능력은 어느 정도인가?

이 부분은 많이 불편하실 수 있습니다. 하지만 매우 중요한 부분입니다. 다음 단계로 넘어가기 위해 반드시 짚고 넘어가야 하는 내용이니, 마음이 다소 어려워지더라도 차분히 생각해 보시면 좋겠습니다.

저의 경험을 바탕으로 제가 발전시켜 나간 생각들에 대해 이야기해 보려 합니다. 아주 주관적인 이야기일 수 있다는 점을 조금 양해해 주세요. 불편한 만큼 정말 솔직한 이야기라는 점은 확실하다는 것을 조금 고려해 주시면 좋겠습니다. 우선 그동안 온라인에서 자주 보았던 이야기들을 먼저 다뤄 보려 합니다. 교사 커뮤니티에서는 '교사가 능력에 비해 돈을 너무 적게 받는다'는 주장을 자주 접하게 됩니다. 그 뒤에 붙는 말들은 대체로 비슷합니다.

"나보다 공부 못하던 친구가 대기업 가서 돈 많이 번다"
"우리 때 의치한약수 포기하고 교대 온 친구들 많았다"
"내 주변에 교사 접고 전문직으로 이직한 친구들 많다"
"서울교대는 솔직히 SKY 포기하고 간 친구들도 많다"
"그러니, 교사 월급을 올려야 한다"

그러나 고등학교 때의 학업 성적은 '돈을 많이 버는 미래'의 보증 수표가 아니라 당대의 학생들이 선호하는 대학 진학에 유리하게 작동했던 장치일 뿐입니다. 저는 교육대학교의 인기가 높던 시기에 교대에 진학했습니다. 당시 서울교대의 위상이 SKY 바로 아래였던 것으로 기억합니다. 그럼에도 그 시절 지방 교육대학교들은 수능 평균 2등급 정도로도 진학이 가능했습니다.

즉, 교대에는 최상위권이 드물지 않게 있었지만, 그보다는 반에서 '어느 정도 공부를 하던' 학생들이 더 많이 모여 있었다는 뜻입니다. 위와 같은 불만을 제기하시는 분들 중에 실제 최상위권이었던 경우도 있으나, 대체로 다수의 교사는 '어느 정도 한다' 수준으로 교육대학교나 사범대에 입학하셨습니다.

여기서 제 이야기로 잠시 넘어가 보겠습니다. 이 '어느 정도 한다'는 상태가 오히려 위험할 수 있습니다. 저는 어릴 때부터 머리가 좋다는 말을 듣고 자랐습니다. 초·중·고, 대학교, 심지어 취업 후에도 부모님과 주변 어른들은 "조금만 더 밀어줬으면 판검사도 했지"라는 말씀을 자주 하셨습니다.

아마 많은 선생님들께서 비슷한 말을 들어보셨을 것입니다. 최상위권이 일관되게 유지되어 교대를 고민할 틈도 없이 SKY나 의치한 약수를 향해 갔던 경우보다는 '조금만 더 하면' 더 높은 곳도 가능했을 것이라는 수준에 머무른 경우가 더 많았을 것입니다.

시간이 지나 돌아보면, 저는 결국 '교사를 할 만큼의 역량'을 제가 안정적으로 갖추었기에 교사가 되었다고 생각합니다. 능력은 특정한 어떤 해의 수능 점수 하나로 규정될 수 없습니다. 당시 환경에서 스스로 만들어낸 결과, 마음에 들지 않는 결과 앞에서 다시 도전하는 용기와 끈기, 그 전 과정을 견뎌내는 지속력이 능력을 구성합니다.

어린 시절에는 '조금만 더 했으면' 변호사도, 판검사도, 의사도 가능했을 것이라는 생각에 젖은 적이 있습니다. '머리가 좋으니 무엇이든 원하는 대로 할 수 있다'고 여긴 때도 있었습니다. 나보다 성적이 낮던 친구가 유명 대기업에 들어갔다는 소식을 들었을 때 "나도 교대 말고 다른 길로 가서 대기업에 갈 걸" 하고 가볍게 후회한 적도 있습니다. 교사가 너무 맞지 않는 것 같아 전문직 시험을 보겠다며 공부를 시작했다가 그만둔 시기도 있었습니다. 그러나 결국 저는 교사로 남아 있습니다.

사실 저보다 성적이 낮았던 친구가 대기업에 간 경우도 있고, 저와 비슷하거나 더 높은 성적으로 일반대를 졸업하고도 교사보다 불안정하고 수입이 적은 일을 하는 친구도 있습니다. 그러므로 교사는 고등학교 성적에 비해 보수가 낮은 유일한 직업이 아닙니다. 사례의 일반화는 조심스러워야 하며, 결국 개인 차가 큽니다.

우리가 과거에 공부를 얼마나 잘했는지, 입학 당시 교대 경쟁률이 어땠는지, 우리 집단의 우수한 인재들이 어디로 이직했는지는 핵심이 아닙니다. 중요한 것은 '내가' 그럴 능력이 있어 실제로 수행할 수 있느냐입니다.

의지와 능력이 충분하다면 '이미 늦었다'는 말 대신 어떤 방식으로든 다른 길을 현실화할 것이고, 그렇지 않다면 이 자리에서 최선을 찾게 될 것입니다.

다시 말씀드립니다. 남의 사례와 직업의 과거 위상은 결정적 근거가 되기 어렵습니다. "교사가 되기로 했을 때는 이럴 줄 몰랐다", "되고 나서 변한 것이 너무 많아 사기당한 느낌이다"와 같은 감정은, 교직을 계속할 예정이라면 이제 와서 길게 따져도 실익이 크지 않습니다.

여러 경험 끝에 저 자신에 대해 알게 된 점이 있습니다. 저는 전문직처럼 장기 집약적 공부를 오래 지속하는 끈기가 강한 편이 아닙니다. 공부를 오래 하는 것을 선호하지 않고, 집중력도 짧은 편입니다. 지금 시점에서 더 큰 회사를 목표로 교직을 떠날 용기가 있는 것도 아니고, 재테크만으로 매년 수억, 수십억 단위의 수익을 낼 능력이 있는 것도 아닙니다. 천성이 게으른 편이라 하나를 오래 붙드는 데에도 약합니다. 성공과는 거리가 있어 보이는 성격이지요.

그럼에도 평균보다 이해력과 적응력은 빠른 편이며, 감정에 크게 휘둘리지 않습니다. 동년배와 비교하면 '돈'과 관련해 알고 해본 것이 조금 더 많습니다. 하나를 오래 하는 힘은 약하지만, 새로운 것을 시작하는 힘은 강한 편입니다.

이러한 특성과 능력을 고려하여, 저는 교직 안에서 제 장점을 활용해 여러 수입원을 만들고 재테크를 병행하며 안정적인 삶을 설계하기로 했습니다. 현재까지는 순조롭게 진행되고 있습니다.

만약 선생님들께서 앞서 말씀 드린 1, 2번 질문을 충분히 숙고한 결과, 교사를 그만두어야겠다는 확신이 드신다면 그 결정을 존중합니다. 반대로 교직을 유지하면서 재테크로 여유로운 노후를 준비하고자 하신다면, 이 책의 이후 내용을 차근차근 따라오시면 됩니다.

　다행히 제가 다루는 재테크 방법들은 특별한 재능 없이도 간단한 실천을 꾸준히 이어가는 것으로 충분히 가능하다고 판단합니다. 누구나 부담 없이 시작하실 수 있습니다. 우선 교사라는 직업에 대해 찬찬히 살펴보는 것으로부터 시작해 보겠습니다.

교사는 어떤 직업일까
: 업무와 커리어 특징,
그리고 경제적 특징

내 목표와 성격, 가치관에 대해 충분히 파악하셨다면, 다음으로는 직업적 측면에서 내가 가진 강점과 약점을 점검할 필요가 있습니다. 이 책은 '일반적인 교사'를 대상으로 하므로, 부모님 재산으로 큰 증여를 받거나, 부양 부담으로 재테크 자체가 어려운 특수한 경우는 제외하고, 플러스도 마이너스도 없이 맨손으로 출발하는 교사의 재테크 계획을 세우는 것을 목표로 합니다. 따라서 자산·소비 내역은 잠시 접어두고, 교사라는 직업 자체의 특성만을 다루겠습니다(개인차는 감안해 주시기 바랍니다). 이 부분에서는 교사의 직업적 특성을 업무/커리어 측면과 경제적 측면 두 가지로 나누어 살펴보겠습니다.

업무와 커리어 특징

먼저 업무와 커리어 측면에서 교사만이 가지는 특성이 몇 가지 있습니다. 장점이 될 수도, 단점이 될 수도 있는 지점입니다.

첫째, 규칙성입니다. 근무시간이 명확히 정해져 있으며 초과근무가 드문 편이고, 연간 계획에 따라 학년을 시작하므로 출근 일수와 휴일을 정확히 계산할 수 있습니다. 교사 생활만 해보셨다면 너무 당연하게 느끼실 수 있으나, 실제로 이렇게 루틴이 견고한 직업은 많지 않습니다. 같은 공무원인 경찰만 보아도 방학 제도가 없고, 휴가·연가 사용에 제약이 있으며, 갑작스러운 비상 소집 등으로 계획이 흔들리는 일이 잦습니다. 일반 기업도 신사업·이슈 발생 시 출퇴근·휴가가 크게 변동되곤 합니다.

수업 내용과 다수의 업무는 연간 루틴대로 진행되므로 일정 예측성이 높고, 계획 수립이 수월합니다. 정해진 틀 안에서 움직이는 일이 많아 루틴화가 용이하며, 나만의 루틴을 만들었다면 같은 일을 수십 년 반복해도 월급이 지급된다는 장점이 있습니다. 반면 반복으로 인한 권태가 생길 수 있다는 점은 단점입니다. 다만 '똑같아서 질린다'는 느낌은 개인의 선택과 설계에 따라 완화할 수 있습니다. 이 부분은 뒤에서 다시 다루겠습니다.

둘째, 수평적 문화입니다. 과거에는 학교 행사 참여의 사실상 강제,

회식 문화 등 수직적 관행이 있었다고 하지만, 지금은 많이 달라졌습니다. 경력과 직위가 다르더라도 모두 '선생님'으로 호칭하며, 부장·교감·교장 등 높은 직책이 있어도 수업은 각 교사의 자율 영역이기에 일괄적으로 지시·관리하기 어렵습니다. 또한 학교는 일반 기업과 달리 이윤을 내는 곳이 아니므로, 효율을 위한 강한 명령 체계나 강제적 팀플레이의 피로감이 상대적으로 적습니다. 복무만 보더라도, 예전에는 조퇴 시 대면보고를 요구하는 관행이 있었으나 지금은 권리로서의 조퇴·연가 사용이 정착되었습니다. 문제가 생기면 적법한 절차로 권리를 회복할 수 있습니다. 일반 기업에서 동일 수준의 결과를 얻기란 쉽지 않습니다. 기업에서는 사내 정치가 중요한 변수로 작용하기 때문입니다.

셋째, 성과 압박이 크지 않습니다. 기업은 이윤 창출을 위해 성과를 요구하지만, 교사는 사회 구조의 안정적 유지라는 공공적 목적을 수행합니다. 우리 반에서 1등이 나오지 않아도, 대외 수상 실적이 없어도, 특정 사업을 탁월하게 추진하지 못해도 임금 지급에 직접적 지장이 발생하지는 않습니다. 이는 큰 강점입니다. 다만 이런 구조가 일부에게는 자기 발전 동기의 약화로 이어질 수 있습니다. 최소한의 일을 하더라도 직업 유지가 가능하니, 스스로 발전해야 할 필요를 덜 느끼는 시기가 올 수 있습니다. 이 또한 설계로 보완 가능합니다.

넷째, 커리어 트랙의 예측 가능성입니다. 다수에게 '진로'는 큰 고민이지만, 교사는 상대적으로 길이 좁고 정답지가 존재합니다. 기본을 성실히 지키면 되고, 관리자의 길을 원하시면 관련 정보와 절차가 비교적 명확합니다. 따라서 정해진 레일 위에서 오래 달리는 것이 강점인 분들께 매우 유리합니다.

정리하면, 규칙성은 루틴과 계획 수립을 쉽게 하고, 수평적 문화는 강압적 스트레스를 줄이며 자율성을 보장하고, 낮은 성과 압박은 감정노동의 강도를 낮춰 정신적 여유를 주고, 예측 가능한 커리어는 고민을 줄이는 대신 단조로움이 있을 수 있습니다. 이 단조로움은 직업을 '인생의 전부'로 받아들일 때는 지루함이지만, 여유의 기반이 되기도 합니다. 그 여유 위에 연수, 집필, 전문성 확장, 취미, 재테크 등 두 번째 트랙을 얹을 수 있습니다.

그리고 경제적 특징

경제적 측면을 가장 잘 드러내는 단어는 안정성과 예측 가능성입니다. 여기에 생각보다 괜찮은 연봉, 그리고 사실상 존재하는 성과 기반 부수입의 여지도 함께 보겠습니다.

① 안정성: 흔들리지 않는 편안함

교사는 직업을 유지하기가 쉽고 급여가 안정적으로 지급됩니다.

공무원은 큰돈을 벌지는 못해도, 자리를 지키면 월급이 나오고 매년 오르며, 은퇴 후에는 연금이 있습니다. 민간의 정년 보장과 달리, 공공 영역은 경영 여건이나 실적과 무관하게 고용 안정성이 매우 높습니다. 학생 수가 줄면 신규 채용을 조절하지 기존 인력을 해고하지는 않습니다. 호봉제에 따라 급여가 '자동'으로 인상되는 구조는, 학교 밖에서는 드문 특혜에 가깝습니다.

예 스타트업 마케터 A씨

입사 4년 차 팀장. 인사평가 시즌에 "실적 둔화로 연봉 동결, 성과급 미지급" 통보를 받습니다. 업무량과 주말 근무는 늘었으나 보상은 줄어듭니다. 민간에서 연봉이 매년 자동 인상되는 것은 결코 기본값이 아닙니다. 물가상승률을 따라가는 인상은 더더욱 드뭅니다.

예 자영업자 B씨

원두·우유·전기료·카드 수수료·인건비가 모두 올랐지만 가격 전가가 쉽지 않아, 본인 몫은 오히려 줄어듭니다. 물가가 오를수록 실질 소득이 감소하는 구조를 체감합니다.

반면 교사는 연봉이 회사 실적에 좌우되지 않고, 직무 평가로 고용이 흔들릴 가능성이 낮으며, 해마다 정해진 만큼 호봉이 인상됩니다.

물론 체감 물가를 100% 따라가지는 못하고, 공제 증가로 실수령이 줄어드는 해도 있습니다. 그러나 기본급 자체가 줄어드는 구조는 아닙니다. 결과적으로 위험 방어력이 다릅니다. 연금까지 고려하면, 오래 일하는 한 생계가 흔들릴 정도의 위험을 겪을 가능성은 매우 낮습니다.

② 예측 가능성: 소득에 대한 계획이 가능

— 법·규정으로 정형화되어 있는 수입

따라서 연간 수입을 사전에 계산할 수 있고, 다음 해 근사치를 추정하기도 쉽습니다. 반대로 민간은 인사평가·보너스·경영 여건에 따라 변동성이 큽니다. 이 때문에 장기 재무계획 수립이 교사에게 상대적으로 유리합니다.

— 민간 평균 기준, 괜찮은 기본 수입 수준

교사의 연봉이 낮다는 인식이 있지만, 이는 대기업 상위 구간과의 비교일 때가 많습니다. 신규 교사라도 담임·성과급 등을 합치면 국내 평균 연봉과 유사하거나 우위에 서는 경우가 적지 않습니다. 더구나 교사는 매년 확정 인상과 연금이 결합됩니다. 민간의 '고소득'은 일부에 한정되고, 고용 안정성은 상황에 따라 달라지며, 노후 대비는 개별 책임인 경우가 많습니다. 따라서 교사 연봉을 단순히 과소평가하기는 어렵습니다.

— 성과 압박은 낮지만, 성과 기반 부수입은 가능

핵심은 기본 급여는 '기본만 하면' 나온다는 점입니다. 과거에는 겸직 제한 등으로 추가 소득 창출이 어렵다고 느끼셨을 수 있으나, 지금은 교사 전문성을 살린 연수·강의·집필·캠프 등으로 합법적·투명한 부수입을 만드는 경우가 많습니다. 학교 업무는 성과 보상이 크지 않지만, 교직 밖에서 연결되는 전문 활동은 투입 대비 보상을 기대할 수 있어 동기를 부여합니다. 반면, 편법적 자영업·명의 문제 등은 리스크가 크므로 권하기 어렵습니다. '교사라서 가능한 일'부터 탐색하시길 권합니다.

③ 두 개의 쳇바퀴: 기본 소득 + 성과 소득

교사의 일상을 두 개의 쳇바퀴로 상상해 보시면 좋겠습니다. 하나는 기본 소득 바퀴입니다. 정해진 역할을 성실히 수행하면 안정적 보상이 나옵니다. 다른 하나는 성과 소득 바퀴입니다. 그냥 서 있다고 돌아가지는 않지만, 힘을 줄수록 보상이 커질 수 있는 바퀴입니다.

교사는 고용 안정성, 낮은 성과 압박, 평균 이상이며 매년 인상되는 기본급, 퇴직 후 연금을 기본 장치로 갖춘 직업입니다. 그러므로 '연봉이 낮다'고 간단하게 평가하기에는 어렵습니다. 만약 체감 소득이 낮다고 느껴지신다면, 본업을 안정적 기반으로 삼아 합법적·전문성 연계 활동을 통해 성과 소득 바퀴를 함께 돌리면 됩니다. 안정성 위에 노력을 얹어 추가 소득을 창출할 수 있다는 점에서, 교사는 경제적으로 매우 유리한 구조를 갖춘 직업입니다. 다시 말해 월급생활자이면서 프리랜서의 면모를 동시에 설계하실 수 있습니다.

Chapter 3

재테크라는
필수 기술

'재테크'라는 단어를 들으면 대개 주식, 부동산, 코인, 경제 뉴스 같은 이미지가 떠오르실 것입니다. 누군가는 복잡한 그래프와 숫자를 떠올리고, 또 누군가는 손실이나 실패담부터 떠올리기도 하시지요. 하지만 이 책에서 말하는 재테크는 그런 이미지들과는 조금 다릅니다.

제가 말하는 재테크는 복잡한 투자 기술이 아니라, 월급을 받는 평범한 교사가 지금 가진 자원을 활용해 조금 더 나은 미래를 만들어 가는 과정입니다. 제가 생각하는 재테크의 기본은 노동소득으로 자본소득을 만들어 가는 과정이자, 인플레이션을 이겨낼 수 있는 현금흐름을 안정적으로 유지하며, 궁극적으로는 목표를 달성한 뒤 더 이상 '생계를 위해' 일하지 않아도 되는 상태를 만드는 것입니다.

시간이 흐르면서 화폐 가치가 하락하는 현실 속에서, 그 하락을 방어하고 나아가 대응까지 해낼 수 있는 힘을 갖춘 상태, 즉 경제적 자유에 도달하는 것이 1차 목표입니다. 그리고 이 목표를 향해 나아가는 전 과정을 저는 재테크라고 부릅니다.

교사라는 직업은 그 자체로 이미 일정 수준의 안정성과 예측 가능성을 보장받고 있기 때문에, 이 여정을 시작하기에 매우 유리한 조건을 가지고 있습니다. 매월 고정된 수입, 정해진 수당과 성과급, 은퇴 후 지급되는 연금까지 고려하면, 교사는 장기적인 자산 설계를 세우기에 가장 안정적인 출발점을 갖춘 직업군이라고 할 수 있습니다.

그럼에도 불구하고 많은 선생님들께서 재테크에 어려움을 느끼는 이유는, 재테크라는 단어 자체가 주는 거리감과 부담감 때문입니다. "나는 경제를 잘 몰라서", "지금도 바빠서 신경 쓸 여유가 없어", "잘 못해서 손해 보면 어쩌지"라는 두려움이 시작을 가로막는 경우가 많습니다.

하지만 재테크는 어떤 특별한 재능이나 모험심이 필요한 일이 아닙니다. 교사처럼 예측 가능한 수입이 있는 분들께는, 오히려 감정적 기복 없이 꾸준히 실천하는 것만으로도 충분한 결과를 얻을 수 있습니다.

이 장에서는 재테크에 대한 잘못된 이미지를 걷어내고, 이 책이 말하는 재테크가 빠르게 부자가 되기 위한 도박이 아니라, 장기적인 생존 전략이자 지속 가능한 자유를 위한 실천이라는 점을 강조하고자 합니다. 그리고 경제나 재테크에 대해 한 번도 공부해본 적이 없으신 분이라도 쉽게 이해하고 실천할 수 있도록, 기본 개념부터 차근차근 이야기해드리겠습니다.

노동소득 ➡ 자본소득

"재테크를 왜 하시나요?"라고 묻는다면, 누구라도 더 많은 돈을 갖기 위해서라고 답하실 것입니다. 애초에 재테크란 돈을 불리는 행위이니까요. 더 많은 돈을 갖고 싶은 이유는 사람마다 다르겠지만, 공통적으로 들어가는 내용이 있습니다. 이 책의 맨 앞에서 말씀드렸듯, 그것은 바로 '하고 싶은 일을 하고, 하기 싫은 일을 하지 않으며 살기 위해서'입니다.

하지만 모두가 처음부터 그렇게 살아갈 수 있는 것은 아닙니다. 누군가는 일하지 않아도 세대를 이어 먹고 살 수 있는 자산을 물려받고, 누군가는 부모님께 물려받은 돈으로 평생 먹고 살 수 있는 기반을 마련합니다. 또 누군가는 부모님의 노후 준비가 잘 되어 있어 큰 부담이 없지만, 누군가는 본인뿐만 아니라 부모님이나 형제자매까지 책임지며 살아야 합니다. 이처럼 모두의 출발점이 다르기 때문에, 모든 사람이 하고 싶은 일만 하며 살아갈 수는 없습니다.

재테크와 관련된 블로그나 유튜브 영상들을 보면, 종종 현실과 거리가 먼 이야기들을 쉽게 접하게 됩니다. 건물주가 되고 나서 느낀 점을 이야기하며 인기를 얻던 사람이 알고 보니 부모님께 증여받은 건물을 가지고 이야기를 하고 있었고, "열심히 노력해서 강남에 집을 샀다"고 말하는 사람도 자세히 들여다보면 증여나 상속으로 집을 마련한 경우가 많습니다. 자신이 노력해서 만들어 낸 결과물이 아닌, 그저 부모님이 물려주신 것을 가지고 재테크 이야기를 해봤자 대부분의 사람들은 공감하기 어렵고, 따라 하기 또한 불가능합니다.

이 책에서 말씀드릴 내용은 특수한 사례가 아닌, '0에서 시작하는 교사'의 관점을 기준으로 합니다. 부모님께 크게 물려받은 것도 없고, 그렇다고 빚이 있지도 않은, 말 그대로 맨손으로 교사가 된 경우를 상정하고 있습니다.

자산도 빚도 없는 상태에서는 집을 구하고, 음식을 먹고, 인간다운 삶을 영위하기 위해 반드시 일을 해야 합니다. '일'의 종류는 다양하지만, 우리는 장기적으로 보았을 때 꽤 많은 장점을 가진 교사라는 직업을 가지게 되었고, 그 일을 통해 생계를 이어 나가게 됩니다.

0에서 출발하는 모든 사람은 필연적으로 이런 시기를 거칩니다. 이렇게 일을 해서 벌어들이는 돈을 '노동소득'이라고 합니다. 교사의 경우 대부분이 노동소득으로 생계를 이어갑니다. 한 자리를 지키고 오래 일하기만 하면 연봉도 오르고, 수당도 나오므로 '오래 일하기'를 실천하기만 해도 생계가 어려워지는 일은 거의 일어나지 않습니다.

게다가 아무런 실적을 내지 않아도 이 노동소득은 정년퇴직할 때까지 계속 오르기만 합니다. 최근 정년 연장 논의가 활발하게 이루어지고 있는 현실을 생각해 보면, 지금 젊은 교사들은 65세 전후까지도 일을 하며 꽤 높은 소득을 올릴 가능성이 있습니다.

그러나 문제는 이 '노동소득'이 영원할 수 없다는 점, 그리고 그 나이까지 일하기를 원하는 사람이 많지 않다는 점입니다.

저는 2024년부터 교사 커뮤니티에 재테크 관련 글을 쓰기 시작했고, 2024년 5월부터 2025년 4월까지 1년간 1,000명이 넘는 선생님들을 대상으로 유·무료 연수를 진행해 왔습니다. 그 과정에서 매번 드리는 질문이 하나 있습니다.

"선생님께서는 한 달에 얼마가 들어오면 행복하게 살 수 있다고 생각하시나요?"

가장 많이 나온 답변은 '월 400만 원'이었습니다. 1년으로 따지면 실수령 4,800만 원에 해당하는 금액인데요. 작년 기준 9년 차 교사였던 제 원천징수영수증에는 세전 5,400만 원이 찍혀 있었습니다. 거기서 각종 공제 항목을 제하면 대략 실수령 4,800만 원이 됩니다. 이 내용은 뒤에서 좀 더 자세히 다루겠습니다.

앞으로 연봉이 올라갈 일만 남은 상황에서, 10년만 더 일해도 대부분의 교사들이 이미 '행복하게 살 수 있다'고 답한 금액을 받고 있는 셈입니다. 하지만 이 상태에서 "그렇다면 모두 만족하며 살고 있을까?"라고 묻는다면, 대부분은 그렇지 않다고 하실 겁니다.

이유는 단순합니다. 그 돈이 그냥 들어오는 돈이 아니라, 수많은 스트레스를 감내하고 시간을 써야만 얻을 수 있는 노동소득이기 때문입니다.

'현재 가치로 월 400만 원'이 꾸준히 들어온다고 해도, 그것이 계속되는 노동의 대가로만 들어오는 소득이라면 '행복한 삶'을 만들어 주는 소득이라고 말하기 어렵습니다. 그래서 필요한 것이 바로 '자본소득'입니다.

자본소득은 어렵지 않습니다. 예를 들어 "100억이 있으면 연 3% 이자가 나오는 은행에 넣어두기만 해도 1년에 세전 3억 원이 나오네, 정말 부럽다"라고 말하는 것, 그것이 바로 자본소득의 개념입니다.

행복하게 살기 위해 필요한 돈이 월 400만 원이라면, 1년에 4,800만 원만 꾸준히 들어오면 됩니다. 이자·배당소득세 15%를 고려하면 세전 5,600만 원 정도의 소득이 필요하고, 연 수익률 3% 기준으로 약 19억 원, 연 수익률 6% 기준으로 약 9억 원의 자산이 필요합니다.

"요즘 같은 시대에 6% 수익이 말이 되느냐"고 하실 수도 있지만, 의외로 이런 수익률을 보여주는 자산들은 존재합니다. 월 400만 원의 수입을 목표로 한다면, 우선 현금 9억 원을 모으는 것을 1차 목표로 세우는 것이 현실적입니다.

즉, 내가 일할 수 있는 동안 벌어둔 돈을 어딘가에 투자해 그 돈이 일하게 만든다는 생각을 가지면 됩니다. 시간이 지날수록 나의 소득 구조가 노동소득 중심에서 자본소득 중심으로 변하게 해야 합니다.

투자 성과가 잘 나온다면 생각보다 빠르게 달성할 수 있겠지만, 그렇지 않더라도 꾸준히 실천만 하면 월 400만 원 수준의 수입은 어렵지 않게 달성할 수 있습니다. 특히 교사라는 직업의 특성을 생각해 본다면 더욱 그렇습니다.

다만, 여기서 말하는 '9억'이라는 목표치는 단순히 숫자 자체가 아니라, '현재 가치 기준으로 9억'을 만들어 가는 과정으로 이해해야 합니다. 이 부분은 이어질 인플레이션 파트에서 더 자세히 다루겠습니다.

인플레이션에 대처해야 한다

인플레이션이란 화폐의 가치가 떨어지는 현상을 뜻합니다. 쉽게 말해, 지금 1,000원이면 살 수 있는 물건이 5년이나 10년 후에는 1,500원이 되어야 살 수 있는 상황이 되는 것이죠. 단순히 물가가 오르는 것이 아니라, 같은 돈으로 살 수 있는 것이 줄어드는 현상, 즉 돈의 '가치'가 하락하는 것을 말합니다.

국밥을 예로 들어보겠습니다. 제가 대학교를 다니던 10년 전만 해도, 고기가 듬뿍 들어간 뜨끈한 국밥 한 그릇에 양파, 고추, 김치, 쌈장, 맛보기 순대까지 푸짐하게 나오는 한 끼가 7천 원이면 충분했습니다. 당시 7천 원은 대학생 입장에서 결코 적은 돈은 아니었지만, 그만큼만 있으면 점심 한 끼를 넉넉하게 해결할 수 있었고, 눈치 보지 않고 맛있는 국밥집을 갈 수 있는 수준이었습니다. 그런데 2025년 현재, 똑같은 국밥 한 그릇의 가격은 1만 원을 훌쩍 넘는 경우가 많습니다. 고기 양은 줄었고, 순대는 별도 메뉴가 되었으며, 깍두기조차 제한적으로 나오는 곳도 있습니다. 숫자로 보면 겨우 3천 원 차이일 수있지만, 같은 7천 원이 갖는 '구매력', 즉 '가치'는 현저히 떨어졌습니다. 같은 돈으로 살 수 있는 만족감, 양, 질, 경험의 총합인 가치가 줄어든 셈입니다.

이것은 단지 국밥의 가치가 올라간 것이 아닙니다. 일시적으로 재료 수급이나 인건비 문제로 가격이 급등할 수는 있지만, 긴 시간의 흐름으로 보면 국밥이 가지는 본질적 가치는 그대로입니다. 다만 화폐가 계속 풀리고 흔해지면서, 실물에 대한 화폐의 상대적 가치가 내려간 것으로 이해하시면 됩니다.

단위를 조금 올려볼까요? 2025년 현재 100억 원이라고 해도 크게 놀라지 않을 압구정 현대아파트(48평형)의 경우, 48년 전인 1977년 당시 분양가는 약 1,400만 원 수준이었습니다. 물론 단순히 인플레이션 하나로 설명하기에는 압구정이라는 입지 프리미엄, 외국인 부동산 매수, 부동산 중심 경제 구조 등 다양한 요인이 있겠지만, 50년이 지난 지금 1,400만 원으로 살 수 있는 48평형 아파트가 대한민국 어디에도 없다는 사실만으로도 인플레이션의 위력을 체감할 수 있습니다. 그리고 앞으로 50년이 더 지난다면 어떤 일이 벌어질지는 굳이 길게 말하지 않아도 짐작하실 수 있을 것입니다.

이것이 인플레이션의 본질입니다. 우리가 인식하지 못하는 사이 화폐의 가치가 점점 줄어들고 있다는 사실, 즉 겉으로 보이는 가격만 바라보다가는 자산의 실질 가치가 계속 줄어든다는 점을 명확히 인지할 필요가 있습니다.

"그래도 월급도 오르니까 괜찮지 않을까?"라고 생각하실 수 있습니다. 실제로 교사의 월급은 매년 오릅니다. 호봉이 오르고, 물가 인상률을 반영한 임금 조정이 꾸준히 이루어지고 있죠. 그러나 그 상승률이 실제 물가 상승률을 따라가지 못한다면, 실질적인 구매력은 계속 하락하게 됩니다. 예를 들어 월급이 2% 올랐지만 실제 물가가 4% 올랐다면, 숫자상으로는 인상된 것처럼 보여도 실제 생활은 더 빠듯해지는 것입니다.

다시 국밥 이야기로 돌아가 보겠습니다. 2020년 기준 9호봉 교사의 기본급은 약 206만 원이었습니다. 5년이 지난 지금, 9호봉 교사의 기본급은 약 235만 원 수준으로 5년간 약 15%가 올랐습니다. 꽤 오른 수치이긴 하지만, 국밥 가격 상승률에는 한참 못 미칩니다. 2020년에 7천 원이면 먹을 수 있던 국밥이 이 책을 집필하는 2025년 5월 기준으로 1만 1천 원이 되었으니, 5년 사이 약 70%가 오른 셈입니다.

물론 급여와 수당이 함께 오르고, 물가라는 것이 국밥 한 가지로만 판단할 수 있는 것은 아니기에 이 인플레이션이 절대적으로 치명적이라고 할 수는 없습니다. 다만 은퇴 이후를 생각하면 이야기가 달라집니다. 애매한 금액을 예금해 놓고, 아주 안전하면서도 낮은 2~3%대의 이자만으로는 결코 노후를 안정적으로 유지할 수 없습니다.

이 점을 이해하면 왜 많은 재테크 전문가들이 "단순 저축만으로는 부자가 될 수 없다"고 말하는지 쉽게 알 수 있습니다. 예전처럼 예금

금리가 10%에 달하던 시절에는 은행에 돈을 넣어두기만 해도 이자가 쏠쏠했습니다. 하지만 지금은 연 3~4%대의 금리도 높다고 느껴지는 저금리 시대입니다. 물가상승률이 3%인데 예금이자도 3%라면 실질 수익은 0입니다. 세금까지 제하면 오히려 마이너스가 될 수도 있습니다.

교사는 소득이 안정적이기 때문에 매달 일정 금액을 저축하거나 투자할 여력이 있습니다. 그러나 이 안정성에 안주해 단순히 저축만 계속한다면, 장기적으로 자산의 실질 가치가 줄어들 수밖에 없습니다. 그러므로 지금 우리가 해야 할 일은 '물가 상승률 이상으로 자산을 불릴 수 있는 시스템'을 만드는 것입니다.

바로 이 지점에서 자산 배분, 투자, 현금 흐름 확보 등의 전략이 필요해집니다. 앞서 말씀드렸듯 재테크의 본질은 노동소득으로 자본소득을 만들어 가는 과정이며, 여기에 인플레이션 방어가 더해져야 진정한 재테크가 완성됩니다. 단순히 돈을 모으는 것이 아니라, 그 돈이 시간이 흘러도 같은 가치를 유지하고, 더 나아가 돈이 나를 위해 일하게 만드는 구조를 갖추는 것입니다.

따라서 '9억'을 모으는 것이 끝이 아니라, '현재 가치 기준으로 9억'을 유지해 가는 과정으로 이해하셔야 합니다. 이런 구조를 만드는 방법은 다양합니다. 정기적인 배당을 주는 우량주, 안정적인 수익을 기대할 수 있는 연금저축, 현금 흐름이 발생하는 부동산 투자 등이 대표적인 예입니다. 물론 모든 사람이 같은 방식으로 자산을 운용할 수는 없지만, 교사에게 유리한 구조와 전략은 분명히 존재합니다.

20억이 있으면
평생 먹고 살 수 있을까?

앞에서 말씀드린 내용과 이어지는 주제입니다. 예전에는 이 기준이 '10억' 정도였지만, 요즘은 인플레이션의 영향으로 '20억'이라는 기준으로 올라갔습니다.

"20억만 있으면 가진 돈만 쓰고 평생 살 수 있다."

언뜻 들으면 그럴듯하게 들리지만, 이 계산은 너무 단순한 전제에 기반해 있습니다.

전제는 바로 물가가 오르지 않는다는 가정, 그리고 나이가 들어도 의료비나 생활비가 늘지 않는다는 비현실적인 조건입니다. 실제로 연 3%의 물가상승률만 적용해 보아도 그 허점이 금세 드러납니다.

한국은행과 통계청 자료에 따르면, 한국의 장기 평균 물가상승률은 약 2~3% 수준입니다. 보수적으로 연 3%로 계산한다면, 현재 1억 원의 구매력은 30년 뒤 약 4,100만 원 수준으로 감소합니다. 화폐 가치가 약 40%로 줄어드는 셈이지요. 다시 말해, 지금 1억 원으로 살 수 있는 물건을 30년 후에 구매하려면 2억 5천만 원 정도가 필요하다는 뜻입니다.

이제 월 생활비로 예를 들어보겠습니다. 지금 월 250만 원으로 살던 분이 30년 뒤에도 같은 수준의 생활을 유지하려면, 물가상승률을 반영했을 때 월 600만 원 이상이 필요합니다.

매년 생활비가 물가상승률만큼 증가한다고 가정하면, 단순히 '연 3천만 원 × 30년 = 9억 원'으로 계산할 수 없습니다. 실제 누적 지출은 약 17억 6천만 원 수준으로 불어납니다. 게다가 이 계산에는 예상치 못한 사고, 질병, 요양비, 자녀 지원금, 부모 부양비 등은 전혀 포함되어 있지 않습니다.

결국 20억 원이 있다는 것은 지금 당장만 보면 여유롭게 느껴질 수 있지만, 인플레이션을 고려하지 않은 '정지된 세상'에서나 가능한 계산일 뿐입니다. 현실에서는 돈의 가치가 계속 떨어지고, 그에 따라 지출은 점점 늘어납니다.

따라서 "그냥 쪼개서 쓰면 된다"는 단순한 발상보다는, 현금 흐름을 꾸준히 만들어낼 수 있는 구조, 자산의 실질 가치를 지켜내는 방법, 인플레이션을 이겨낼 수 있는 전략을 갖추는 것이 진정한 재테크의 핵심입니다.

이 책을 읽으신 선생님들께서는 이제 이렇게 생각해 보시기 바랍니다. "○○억만 있으면 평생 놀고먹으면서 살 텐데"가 아니라 "현재 가치로 ○○억을 계속 유지할 수 있다면 평생 놀고먹으면서 살 수 있겠구나"라는 관점으로요. 그때 비로소 돈의 액수가 아니라 '가치의 지속력'이 재테크의 본질이라는 사실을 이해하실 수 있을 것입니다.

일을 해야만 하는 상태에서는
벗어나자

우리 대부분은 '일해야 하는 상태'에 놓여 있습니다. 일을 해야 하는 이유는 결국 생계를 유지하기 위해서입니다. 살아가기 위해, 나아가 원하는 삶을 살며 행복하게 지내기 위해서는 반드시 일정한 소득이 필요하기 때문입니다. 그래서 우리는 모두 열심히 일하며 돈을 벌고, 저축을 하며, 때로는 미래를 위해 투자도 합니다.

하지만 일정 수준 이상의 재테크를 해내면, 인생의 어떤 지점에서부터는 더 이상 일을 '해야만 하는' 상태에서 벗어날 수 있습니다. 여기서 말하는 '일을 하면 안 된다'는 뜻이 아닙니다. '생계를 위해 억지로 일을 하지 않아도 되는 상태'를 의미합니다.

이 상태에 도달하면 일은 '해야만 하는 것'이 아니라 '하고 싶을 때 하는 일'로 바뀝니다. 재테크, 자산 증식의 1차 목표가 바로 이 '더 이상 일하지 않아도 되는 상태'를 만드는 것입니다. 즉, 물가상승률을 이기는 지속적인 현금 흐름이 일을 하지 않고도 유지되는 상태를 말합니다.

여기까지 한번 도달하면, 삶이 놀라울 만큼 여유로워집니다. 더 이상 일에 쫓기지 않고, 하기 싫은 일은 하지 않아도 되며, 시간이 내 것이 됩니다. 또한 이 시점에 도달하면 저축 자체의 의미도 달라집니다. 이미 현금 흐름이 안정적으로 확보된 상태에서는 '돈을 모으는 행위'보다 돈이 스스로 불어나는 구조를 관리하는 행위가 더 중요해집니다.

이제 교사 월급으로 생활하는 것이 왜 팍팍하다고 느껴지는지를 생각해 보겠습니다. 이 말 속에는 여러 요소가 함께 들어 있습니다.

교사 월급이 적다.
생활하는 데 필요한 돈이 많다.
미래 대비를 위해 저축까지 해야 한다.

단순히 첫 번째 이유만으로 두 번째가 따라오는 경우도 있겠지만, 실제로 교사 월급이 '팍팍하게' 느껴지는 가장 큰 이유는 이 1, 2, 3번이 동시에 작용하기 때문입니다. 월급 자체가 아주 많지 않은 상황에서, 물가는 계속 오르고, 현상 유지만으로도 버거운데 미래 대비를 위해 월급의 절반 가까이를 저축해야 하는 구조입니다. 결국 교사 월급이 '생활하기에' 팍팍한 것이 아니라, '생활하면서 미래 대비까지 동시에 하려니' 팍팍한 것입니다. 앞서 말씀드렸듯, 많은 분들이 생각하는 '행복하게 살 수 있는 금액'은 월 400만 원 수준입니다. 만약 저축할 필요 없이 이 돈을 다 쓰기만 해도 되고, 그러면서도 매달 꾸준히 이 금액이 들어온다면, 적어도 돈 때문에 힘들 일은 거의 없을 것입니다.

"일하지 않고 매달 400만 원씩 꾸준히 들어온다고요?" 처음엔 믿기 어렵게 들리지만, 사실은 충분히 가능합니다. 천천히, 정해진 길을 따라가며 꾸준히 실천하면, 노후에 이런 상태를 만드는 것은 결코 불가능한 일이 아닙니다. 오히려 너무 쉬워서 출퇴근 외에는 따로 시간을 들일 필요조차 없을 정도입니다.

그럼에도 많은 사람들이 이런 상태를 만들지 못하는 이유는 단순합니다. 가장 기본적인 원리조차 제대로 알지 못하고, 인터넷에서 본 투자 성공담에 조급하게 흔들리며, 남과 비교하다가 가진 것조차 지키지 못하기 때문입니다.

정리하겠습니다. 재테크란, 노동소득을 자본소득으로 바꿔 나가는 과정이며, 그 과정에서 인플레이션을 반드시 고려해야 하는 일입니다. 일반적인 직장인이 열심히 일해야 벌 수 있는 월 400만 원이라는 돈은, 교사에게는 엄청난 성과를 내거나 무리한 투자를 하지 않더라도, 성실하게 출근하며 간단한 실천만 꾸준히 이어가는 것만으로도 만들어낼 수 있는 결과입니다. 즉, 재테크는 멀리 있는 거창한 목표가 아니라, '지금의 교사 월급을 미래의 여유로움으로 바꾸는 구체적 방

법'입니다. 이 책은 바로 그 방법을, 누구나 따라 할 수 있는 현실적인
방식으로 안내하고자 합니다.

재테크의 시작점:
퇴직과, 퇴직 이후의 삶 상상하기

앞의 장과 이어지는 내용입니다. 저는 늘 '여유로운 노후'를 강조합니다. 사람마다 추구하는 삶의 모습은 다를 수 있습니다. 돈이 많지 않더라도 '언제 죽을지 모르니 오늘을 즐기자'는 마음으로 가진 돈을 아낌없이 쓰며 행복을 추구하는 분들도 있고, 반대로 돈이 아주 많음에도 불구하고 검소하게 사는 분들도 있습니다. 사실 이는 개인의 가치관과 취향에 따라 달라지는 부분이며, 그에 맞게 살아가는 것이 자연스러운 일입니다.

하지만 요즘은 SNS의 발달로 인해 이런 가치 판단이 흐려지는 경우가 많습니다. 다른 사람의 소비와 자산을 실시간으로 보게 되면서, 자신의 생활 수준이나 목표를 왜곡되게 느끼는 현상이 생긴 것이죠.

제가 생각하는 재테크, 특히 교사의 재테크는 생애소득 구조에 맞추어 천천히, 그러나 꾸준히 쌓아가는 방향이어야 합니다. 그러나 요즘 같은 시대에 이를 오랜 기간 실천하기란 결코 쉽지 않습니다. 인류 역사상 '남이 돈을 버는 이야기'를 이렇게 자주, 이렇게 쉽게 접할 수 있었던 시대는 없었기 때문입니다. 이런 환경 속에서는 '꾸준함'과 '성실함'의 가치가 가장 쉽게 흔들립니다.

대부분의 사람들에게 인생에서 가장 많은 돈이 필요한 시기는 자녀를 양육하면서 동시에 생계를 유지하고, 미래까지 준비해야 하는 40~50대입니다. 어린 시절에는 돈을 쓸 일이 거의 없고, 20~30대에는 연애나 결혼, 초기 생활비로 지출이 다소 늘어나지만, 각종 사교육비와 대학 등록금을 감당해야 하는 40~50대의 소비 규모에는 미치지 못합니다.

이 시기는 소득이 일정하지 않거나, 고용이 불안정한 사람들에게 특히 어려운 시기이기도 합니다. 사기업에 다니거나 자영업을 하는 분들 중 소득이나 지위가 애매한 경우, 이 시기에 재정적 어려움을 크게 겪는 경우가 많습니다.

이 시점이 되면, 그동안 모아둔 자산과 꾸준히 들어오는 소득을 활용해 소비가 폭발하는 구간을 어떻게 버텨내느냐가 관건이 됩니다. 벌어둔 돈이 적거나, 안정적인 수입이 부족하다면 노후대비는 사실상 불가능해집니다. 평생 번 돈으로 자녀를 교육시키고, 결혼 자금을 대주고, 본인은 남은 돈이 없어 노후에 단칸방에서 생을 마감하는 이야기를 우리는 주변에서 어렵지 않게 듣습니다.

다행히 교사는 중장년기에 이런 경제적 위기를 겪을 가능성이 매우 낮습니다. 급여는 호봉에 따라 꾸준히 상승하고, 특별한 실수를 하지 않는 한 안정적으로 생활할 수 있으며, 자녀 교육비 또한 큰 무리 없이 감당할 수 있기 때문입니다. 게다가 월급을 받으며 살아가는 동안 강제로 납입되는 공무원연금이 꾸준히 쌓여 노후자산을 형성해 줍니다. 즉, 별도의 저축을 하지 않더라도 기본적인 노후 대비가 자동으로 이루어지는 구조입니다.

만약 결혼을 하지 않거나, 자녀를 두지 않는다면 이러한 안정성은 더욱 커집니다. 일반 직장인들이 40~50대에 고용 불안과 소득 불확실성으로 인해 노후 대비를 포기하는 상황에서도, 교사는 소득과 고용의 걱정 없이 평균 이상의 수입으로 노후를 자동 설계할 수 있는 직업입니다.

하지만 여기서 한 가지 분명히 해야 할 점이 있습니다. 이러한 교사의 소득 구조가 '확실하게 여유로운 노후'를 보장하느냐 묻는다면, 선뜻 그렇다고 말씀드리기는 어렵습니다. 아무런 자산 설계 없이 번 돈을 전부 소비하며, 공무원연금만 믿고 살아간다면 '여유로운 노후'가 아니라 단지 '버틸 수 있는 노후'로 끝날 가능성이 높기 때문입니다.

노후의 기준은 사람마다 다르겠지만, 저는 정년퇴직 이후를 기준으로 설명드리고자 합니다.

소비가 가장 많은 시기가 40~50대라면, 그다음 혹은 그 이상으로 소비가 늘어날 수 있는 시기가 바로 정년퇴직 이후 60~90대입니다.

이 시기에는 사회생활은 줄어들지만, 생활비는 그대로 들어가고, 일을 하지 않으니 여가시간을 즐기기 위한 취미생활 비용이 새롭게 발생합니다. 또한 현 시점의 의학 수준을 고려하면 60대에 아무런 질병 없이 건강한 몸을 유지하는 것은 거의 '기적'에 가깝습니다. 그만큼 이전에는 큰 비중이 아니었던 의료비와 약제비가 본격적으로 늘어나게 됩니다.

40~50대, 그리고 일을 이어갈 수 있는 60대 초반까지는 큰 문제가 없습니다. 연금이 아닌 근로소득을 통해 연평균 7천~8천만 원 정도의 실수령을 얻을 수 있기 때문입니다. 하지만 은퇴 후에는 이 소득이 연금으로 바뀌며, 근로 시절의 절반 수준으로 줄어듭니다.

즉, 지출은 늘어나는데 소득은 줄어드는 구조입니다. 이 상황에서 별도로 마련해둔 자산이 없다면, 삶은 분명히 빠듯해집니다. 젊을 때 돈이 부족한 것은 자연스러운 일입니다. 하지만 나이 들어 돈이 부족한 것은 서러운 일입니다. 평생 성실히 일했는데, 인생의 마지막 국면에서조차 여유를 누릴 수 없다면, 그 노년은 너무 고단할 것입니다.

그래서 저는 말씀드립니다. 젊을 때 조금 힘들더라도, 노후에는 확실히 여유로운 삶을 살 수 있도록 인생을 설계하셔야 합니다. 최근에는 코인이나 미국 주식시장에 참여하는 분들이 많습니다. 그러나 '연 7~10%의 안정적 수익을 꾸준히 내겠다'는 마음으로 투자하는 사람보다, '한 달에 100%, 일 년에 1,000%를 벌어보겠다'는 생각으로 변동성이 큰 종목에 뛰어드는 분들이 훨씬 많습니다.

자신의 여유자금만으로 투자를 한다면 그나마 괜찮지만, 대출까지 받아 무리하게 투자했다가 실패한다면 돌이킬 방법이 없습니다. 저 역시 변동성이 큰 시장에서 투자 경험이 있지만, '여유로운 노후'조차 준비되지 않은 상태에서 '빠른 부자'를 꿈꾸며 도박성 투자를 하는 것은 교사라는 직업의 경제적 장점을 스스로 포기하는 행위입니다.

물론 세상에는 코인으로 부자가 된 사람, 자극적인 단기 매매로 큰 돈을 번 사람도 있습니다. 하지만 그것이 '신념을 가지고 투자해 성공한 결과'라면, 반대로 같은 신념으로 투자해 실패할 수도 있습니다. 어떤 쪽에 속할지는 아무도 모릅니다.

따라서 저는 말씀드리고 싶습니다. 인생을 걸고 도박을 하지 마십시오. 성공하면 좋지만, 실패하면 모든 것이 끝나는 구조로 인생을 설계해서는 안 됩니다. 성공하면 더 좋고, 실패하더라도 최소한 여유로운 노후만큼은 지킬 수 있는 방향으로 인생을 설계하셔야 합니다. 그것이 재테크의 출발점이자, 교사라는 직업이 줄 수 있는 가장 큰 경제적 혜택을 올바르게 활용하는 길입니다.

• Chapter 4 •

교사의 급여
이해하기

매월 나오는 수당들

기본적인 내용을 정리했으니, 여유로운 노후를 만드는 4단계 전략을 이야기하기에 앞서 교사의 월급과 복지에 대한 이야기를 시작해보겠습니다. 먼저 급여입니다. 앞에서 말씀드렸듯 교사의 급여는 시간이 지남에 따라 무조건 올라가는 구조입니다. 그리고 가장 적은 돈을 받는 신규 교사조차 대한민국 중위소득을 상회합니다. 근로소득의 최상위권이라고 단정할 수는 없지만, 흔히 말하듯 민간 대비 현저히 낮은 임금을 받거나, 10~20년을 일해도 월 200만 원을 받는 직업은 결코 아닙니다. 이제 구체적인 항목과 수치를 살펴보겠습니다.

교사가 1년간 일하며 받는 돈을 나열해보면 다음과 같습니다. 본봉과 수당으로 구성된 월급, 1·7월 정근수당, 설·추석 명절수당, 연 1회

성과급과 복지포인트. 생소하실 수 있지만 아래에서 차근차근 설명 드리겠습니다.

제가 9년 차였던 2024년 4월 급여명세서는 다음과 같습니다. 이를 예로 들어보겠습니다. 세전 389만 원, 공제 후 약 280만 원이었고, 이 중 건강보험 연말정산과 장기요양 연말정산으로 잡힌 16만 7천 원은 4월에만 있는 공제항목입니다. 이 항목을 더해 보면, 실질적으로는 매월 300만 원 내외를 기본 수령했다고 볼 수 있습니다. 수당을 제외하더라도 연 3,600만 원을 손에 쥐었고, 각종 수당과 성과급을 합치면 세전 5천만 원+, 공제 후에도 거의 5천만 원에 근접합니다. 이해를 돕기 위해 급여명세서 항목을 하나씩 뜯어보고, 뒤에서 다시 전체 합계를 정리하겠습니다.

세부내역

급여내역		세금내역		공제내역	
본봉	3,040,700	소득세	236,010	일반기여금	366,100
정근수당가산금	50,000	지방소득세	23,600	건강보험	151,460
정액급식비	140,000			건강보험연말정산	121,890
교직수당	250,000			노인장기요양보험	19,610
교직수당(가산금4)	200,000			장기요양연말정산	15,600
가족수당(배우자)	40,000			교직원공제회비	60,000
시간외근무수당 (정액분)	112,020			급식비	92,400
교원연구비 (유·초등 5년 이상)	60,000				
급여총액	3,892,720			공제총액	827,060
실수령액			2,806,050		

먼저 '받는 돈'인 급여 항목입니다. 본봉, 정근수당 가산금, 정액급식비, 교직수당, 가족수당, 시간외근무수당(정액분), 교원연구비가 포함됩니다. 본봉은 마지막에 설명드리고, 나머지를 차례대로 보겠습니다.

급여내역	
본봉	3,040,700
정근수당가산금	50,000
정액급식비	140,000
교직수당	250,000
교직수당(담임)	200,000
가족수당(배우자)	40,000
시간외근무수당(정액분)	112,020
교원연구비 (유·초등 5년 이상)	60,000
급여총액	3,892,720

— **정근수당 가산금**: 비교적 최근 생긴 항목으로 근무연수에 따라 차등 지급됩니다. 5년 미만 3만 원, 5~10년 5만 원, 10~15년 6만 원, 15~20년 8만 원. 경력이 늘어날수록 금액이 줄어드는 교원연구비(아래 참조)를 가산금이 보완하는 구조로 보시면 이해가 쉽습니다.

— **정액급식비**: 말 그대로 식대 성격이라 별도 설명 없이 넘어가겠습니다.

— **교직수당**: '교사'라는 직무 자체에 대해 월 25만 원이 기본 지급됩니다. 여기에 담임 월 20만 원, 부장 월 15만 원이 추가됩니다. 담임+부장을 함께 맡으면 월 35만 원(연 420만 원)이 더해집니다.

— **가족수당**: 공무원 가정 지원 성격의 수당으로 배우자 4만 원, 자녀는 첫째 5만 원, 둘째 8만 원, 셋째부터 12만 원. 부부 공무원일 경우 한 명만 수령합니다. (예: 배우자 +자녀 둘 ⇒ 월 17만 원 추가)

— **시간외근무수당(정액분)**: 교사는 초과근무를 해도 퇴근 후 1시간은 인정되지 않습니다. 대신 매월 10시간 상당분을 정액으로 지급하고(보통 약 11만 원대), 이를 초과한 초

과근로만 시간외근무수당(초과분)으로 별도 표기됩니다. 다만 월 15일 이상 정시 출퇴근을 못하면(연가·조퇴 등) 일당 1시간분(약 1만 원)씩 감액됩니다.

— **교원연구비**: 5년 미만 7만 5천 원, 5년 이상 6만 원으로, 경력 증가 시 다소 감액됩니다(위의 정근수당 가산금이 이를 보완).

이 수당들은 시간외 정액분을 제외하고 금액이 고정되어 있어, 명세서가 나오기 전에도 다음 달 월급을 거의 정확히 추정할 수 있습니다. 예를 들어 경력 10년, 담임+부장, 배우자+자녀 1명인 제 경우, 본봉 외 수당 합계는 5만 + 14만 + 25만 + 20만 + 15만 + 9만 + 11만 + 6만 = 약 105만 원 수준입니다. 여기에 아래의 본봉을 더하면 월급 총액이 됩니다.

본봉

본봉은 공무원의 기본급입니다. 앞서 살펴본 수당을 본봉에 더하는 구조이며, 정근수당과 명절수당은 본봉의 일정 비율로 산정되기 때문에 본봉이 오를수록 해당 수당도 함께 올라갑니다. 교직을 유지하기만 해도, 특별한 성과 없이 매년 자동 인상된다는 점이 핵심입니다.

보여드리는 표는 2025년 기준, 교사의 호봉에 따른 봉급액을 정리해둔 것입니다. 교사 급여 체계에 대해 잘 모르는 사람들은 초임을 1호봉으로 오해하는 경우가 있는데, 대학교 졸업 교사는 9호봉부터 시작합니다. 또한 본봉에 각종 수당이 더해지므로, 9호봉 신규라도 담임만 맡아도 월 세전 300만 원 이상이 됩니다.

호봉은 매년 1단계씩 오르며 본봉도 동반 상승합니다. 다만 초반 3년(9~11호봉)은 상승분이 작아(예: 9호봉 236만 → 10호봉 239만 → 11호

유치원 초등학교 중학교 고등학교 교원 등의 봉급표(제5조 및 별표 1 관련)

(월지급액, 단위:원)

호봉	봉급	호봉	봉급
1	1,915,100	26	4,117,800
2	1,973,100	27	4,251,300
3	2,031,900	28	4,384,500
4	2,090,500	29	4,523,800
5	2,149,600	30	4,663,600
6	2,208,600	31	4,803,000
7	2,267,000	32	4,942,200
8	2,325,100	33	5,083,700
9	2,365,500	34	5,224,600
10	2,387,800	35	5,365,800
11	2,408,300	36	5,506,400
12	2,455,700	37	5,628,700
13	2,567,600	38	5,751,200
14	2,679,900	39	5,873,900
15	2,792,000	40	5,995,800
16	2,904,500	근가1	6,074,100
17	3,015,500	근가2	6,152,400
18	3,131,900	근가3	6,230,700
19	3,247,500	근가4	6,309,000
20	3,363,300	근가5	6,387,300
21	3,478,900	근가6	6,465,600
22	3,607,300	근가7	6,543,900
23	3,734,600	근가8	6,622,200
24	3,862,300	근가9	6,700,500
25	3,989,800	근가10	6,778,800

출처: 공무원보수규정 [별표 11] 〈개정 2025. 1. 3.〉

봉 241만 → 12호봉 245만), 체감이 약합니다. 여기까지만 보면 임금 상승률이 매우 낮다고 할 수 있겠지만 초반 3년은 연습게임, 수습기간이라고 보시는 게 맞습니다. 저도 이 시기가 가장 힘들었습니다. 월급은 오르는 기미가 보이지 않고 학생들은 말을 안듣고 학부모와의 문제로 고민이 있는 신규교사 상황 때문이었는데요, 이 시기를 넘기면 조금씩 살만해지기 시작합니다. 이 구간을 지나 1정연수(2급→1급)를 받는 해부터 호봉 1단계 추가가 더해져, 12→13호봉 전환과 함께 호봉당 11만 원 내외의 인상으로 속도가 붙습니다. 이후 정년까지 매년 11~13만 원 수준의 본봉 인상이 이어져, 본봉만으로 연 130만 원 내외 상승이 장기적으로 누적됩니다.

여기에 물가 반영 임금 인상률이 매년 추가됩니다(예: 최근 8개년 0.9~3.0%대). 예를 들어 전년 본봉이 300만 원이었다면, 호봉 인상 11만 원으로 311만 원, 여기에 임금 인상 3% 적용 시 약 320만 원이 됩니다. 즉 호봉 상승과 임금 인상률이 겹으로 작동합니다. '호봉은 원래 오르는 것'이라 치부하며 인상을 무시하는 주장도 있지만, 실수령이 실제로 증가하는 이상 의미 없는 상승이라 볼 수는 없습니다. 초기에는 호봉 상승분 11만 원이 크게 느껴지고, 본봉이 5-600만 원이 되는 후반기에는 이렇게 % 상승분이 더 크게 느껴지게 되는데 대기업에 비할 상승분은 아닐 수 있지만 계속 강조드리는 '정년 보장'과 '고용의 안정성'을 생각해보면 결코 봉급 상승분이 적다고만 할 수는 없는 상황입니다.

제가 어느 커뮤니티에 이런 내용으로 글을 쓰면 반드시 들어오는

연도	교사 임금 상승률
2018	2.6%
2019	1.5%
2020	2.8%
2021	0.9%
2022	1.4%
2023	1.7%
2024	2.5%
2025	3.0%

공격 레퍼토리가 있습니다. '호봉 상승분은 원래 그냥 받는 건데, 이걸 왜 월급이 올랐다고 하냐?'라는 말인데요. 혹시나 이런 생각을 가지고 계시다면, 그 아이디어 자체를 폐기하셔야 합니다. 호봉제로 월급을 받는 직장은 공무원을 제외하면 찾아보기 힘들고, 애초에 자리만 지키고 있어도 호봉이 올라 월급이 더해진다는 사실 역시 처음부터 알고 시작한 내용입니다.

5천만 원을 받던 사람이 다음 해에 5,300만 원을 받으면, 그냥 300만 원을 더 받은 겁니다. 어떤 분들 주장처럼 호봉 상승분으로 오른 132만 원은 빼고 임금 인상률로 오른 168만 원만 계산해 '물가 상승률보다 덜 올랐다'고 반복할 상황이 아닙니다. 이런 논쟁에 에너지를 쓰지 않으시면 좋겠습니다. 정해진 것은 두고 더 발전적인 일에 에너지를 쓰시기 바랍니다.

결론만 정리하면, 신규조차 중위소득을 상회하고, 일생 동안 중위소득 미만으로 떨어지기 어려운 임금 구조입니다. 실제로 받는 명세·수치가 공개된 직군으로서 '교사 급여가 터무니없이 낮다'는 주장은 무리하게 보일 수 있습니다.

특별한 수당들:
정근수당, 명절수당, 성과급

다음 주제입니다. 예로부터 공무원은 '떡값', 즉 수당이 알짜라는 말이 많았습니다. 대기업에 성과급이 있다면, 공무원에게는 바로 이 수당이 있는 셈입니다. 여기서 말하는 수당은 앞에서 언급했던 '매달 나오는 수당'이 아니라, 1년 중 특정 시기에 지급되는 수당들을 의미합니다. 이 수당은 크게 정근수당, 명절수당, 성과급으로 구분할 수 있습니다.

정근수당	연 2회(1·7월) 지급, 본봉의 5~50%(연 10~100%)
명절수당	연 2회(설·추석) 지급, 회당 본봉 60%(연 120%)
성과급	S/A/B 차등(예: 25년 기준 약 500/420/360만 원 수준, 학교의 차등지급률에 따라 변동)

먼저 **정근수당**입니다. 쉽게 말해, '사고 없이 성실히 근무했으니 주

는 보상'의 성격을 가진 수당입니다. 일만 꾸준히 하면 1월과 7월, 연 2회 지급되는데요. 신규 선생님들 중에는 이런 수당의 존재를 잘 모르시는 분들도 많습니다. 왜냐하면 연차가 쌓여야 체감할 수 있는 금액이 되기 때문입니다.

처음 일을 시작한 0년 차에는 정근수당이 없습니다. 1년을 채우면 본봉의 5%가 연 2회 지급되어 총 10%, 5년을 채우면 본봉의 25%씩 2회, 총 50%, 10년을 채우고 11년 차가 되면 본봉의 50%씩 2회, 즉 본봉 한 달분을 추가로 받는 효과가 생깁니다. 물론 매년 5%씩 무한정 오르는 구조는 아니고, 10년·50%가 상한선입니다.

하지만 봉급표를 기준으로 보면, 0년 차에는 정근수당이 없던 사람이 1년 차에는 약 23만 원, 11년 차에는 연간 300만 원이 넘는 금액을 받게 됩니다. 그래서 교직 생활을 한 10년 정도 하다 보면, "이제 좀 금전적으로 여유가 생긴다"는 느낌을 받게 되는 이유가 여기에 있습니다.

다음은 명절수당입니다. 이건 연차와 관계없이 매년 설날과 추석, 즉 두 차례에 걸쳐 본봉의 60%씩 총 120%를 지급받습니다. 신규 교사에게도 꽤 보람찬 명절 월급날을 만들어주는 항목입니다.

이렇게 보면, 공무원 급여체계의 진가를 체감하려면 최소 10년 이상 근무해 11년 차는 되어야 한다는 계산이 나옵니다. 11년 차가 되면 명절수당 120%와 정근수당 100%를 합쳐 본봉의 220%, 즉 본봉

두 달 치가 넘는 금액을 추가로 받게 되니까요. 공무원의 인생이 본격적으로 안정기에 들어서는 시점이 바로 이때입니다. 20호봉 기준으로는 약 700만 원에 달하는 수당을 받게 되니, 실질적으로도 꽤 쏠쏠합니다.

그리고 앞서 설명드렸듯, 이 모든 수당은 '본봉'을 기준으로 지급됩니다. 경력이 쌓이면 호봉 상승으로 매년 약 130만 원 이상, 여기에 임금 인상분까지 더해지며 급여가 꾸준히 증가합니다. 예를 들어 본봉이 1년간 20만 원 올랐다고 하면, 매달 받는 급여 합계로는 약 240만 원, 여기에 본봉의 220%에 해당하는 수당(약 44만 원)이 더해져 연간 인상 효과가 커집니다.

더구나 정근수당 지급 비율이 계속 올라가는 11년 차까지는 상승폭이 더 크고, 이후에도 매년 평균 300만 원 수준의 연봉 인상이 꾸준히 이어집니다. 최대 40년간 이런 구조가 지속된다는 것은, 다른 직군에서는 좀처럼 보기 어려운 안정적인 급여 체계라 할 수 있습니다.

그리고 교사에게 수당이라고 할 만한 것이 하나 더 있습니다. 바로 성과급입니다. 성과급은 코로나 이전까지만 해도 소비가 늘어나는 5월 말에 지급되는 것이 일반적이었지만, 코로나 시기 소비 진작을 위해 3월 말 조기 지급이 시작되면서 지금까지 그 일정이 정착되었습니다.

성과급 제도에 대해서는 의견이 분분하지만, 저는 개인적으로 찬성하는 입장입니다. 물론 "교사들 간의 갈등을 부추긴다"는 비판도 있지만, 실제 금액 차이는 그리 크지 않습니다. 최고 등급인 S등급과 최하위인 B등급의 차이가 연간 약 140만 원 수준이기 때문입니다. 저는 더 많은 일을 한 사람은 더 많이 받아야 한다고 생각합니다.

다만 교직의 급여 구조는 근본적으로 '업무량'이 아니라 '경력(호봉)'에 따라 정해집니다. 아무리 담임과 부장을 함께 맡아도, 젊은 교사가 전담이나 가벼운 업무를 맡은 원로 교사의 급여를 넘어서는 것은 사실상 불가능합니다. 그만큼 호봉의 벽이 높습니다. 하지만 저는 이 구조를 부정적으로만 보지 않습니다. 어려운 시기를 지나 교직을 지켜온 선배 교사들에 대한 존중의 표현이 기본급이라면, 지금 더 많은 업무를 감당하는 교사들에 대한 작은 존중의 신호가 바로 이 성과급 제도이기 때문입니다.

이 성과급에는 '차등지급률'이라는 개념이 있습니다. 쉽게 말해, S등급을 받은 교사가 B등급 교사보다 얼마나 더 받아야 하는가를 결정하는 비율입니다.

차등지급률 100%일 경우,

      B등급 교사는 300만 원 미만,

      S등급 교사는 550~600만 원 수준을 받습니다.

      이는 업무량에 비례한 최대 보상을 주는 방식입니다.

그러나 대부분의 학교는 차등지급률 50%를 선택합니다. "일 많이 한 건 알겠지만, 그래도 가능한 한 공평하게 나누자"는 취지입니다. 100%를 적용하면 A등급 교사는 10~20만 원, B등급 교사는 70~80

만 원 정도 덜 받게 되지만, 50%를 선택하면 그 격차가 절반 이하로 줄어듭니다.

실제 학교에서는 다수결 원칙으로 이 비율을 정하기 때문에, S등급 교사가 소수인 현실상 100%를 선택하는 일은 거의 없습니다. 따라서 성과급을 계산할 때는 차등지급률 50% 기준으로 보는 것이 가장 현실적입니다.

성과급 금액은 앞서 언급한 표 기준 정도이며, 매년 물가상승률 (약 2~3%)에 맞춰 소폭 인상됩니다. 젊은 교사의 경우 성과급 B등급이 나오는 자리를 잡는 것 자체가 쉽지 않기에, 대부분은 A등급 이상을 받게 됩니다. 이 경우 연간 약 420만 원 정도의 성과급을 받게 됩니다.

정리하자면, 경력이 10년 이상이 되면 정근수당, 명절수당, 성과급만 합쳐도 연 1,000만 원 이상의 금액이 만들어집니다. 그리고 교사가 '여유로운 노후'를 목표로 재테크를 실천하려 한다면, 사실 이 수당만 전략적으로 잘 활용해도 충분히 가능합니다.

나가는 돈, 세금

받는 부분을 살펴봤으니, 이제는 빠져나가는 부분, 즉 세금을 살펴볼 차례입니다.

먼저 제 사례를 말씀드리면, 저는 매달 약 30만 원 정도의 세금을 납부하고 있습니다. 연간으로 따지면 300만 원이 조금 넘는 수준입니다. 세금은 이렇게 단순히 "내고 끝나는 것"이 아니라, 반드시 연말정산과 함께 생각해야 합니다. 1년 동안 낸 세금과 실제로 내야 할 세금의 차이를 정산하는 과정에서, 낸 세금이 더 많으면 환급을 받고, 적으면 추가 납부를 하게 됩니다.

이때 '내야 할 세금'은 고정된 금액이 아닙니다. 사용한 금액, 부양 가족 수, 연금저축·보험 납입 여부 등 다양한 요인에 따라 달라

세금내역	
소득세	236,010
지방소득세	23,600
세금총액	259,610

지기 때문입니다. 다만, 이 책에서는 연말정산의 세부 항목까지 깊이 다루지는 않을 예정이므로 구체적인 계산 과정은 생략하겠습니다.

대신, 세금과 관련해 꼭 짚고 넘어가야 할 개념이 있습니다. 바로 '원천징수세율'입니다.

자영업자나 프리랜서의 경우, 1년 동안 번 돈에 대한 세금을 다음 해 5월 종합소득세 신고 시 한 번에 납부합니다. 반면 교사는 급여를 받을 때마다 미리 소득세가 자동으로 공제(원천징수)됩니다. 즉, 직접 세금을 내는 것이 아니라 월급에서 자동으로 일정 금액이 빠져나가는 구조입니다.

문제는, 1년 동안 얼마를 벌고 얼마를 쓸지 정확히 예측하기 어렵다는 점입니다. 그런데도 미리 일정 비율로 세금을 떼어가기 때문에, 그 기준이 바로 원천징수세율입니다. 이 세율은 80%, 100%, 120% 중 하나를 선택할 수 있습니다. 저는 개인적으로 80%를 선택하고 있습니다. 그 이유를 간단히 설명드리면 다음과 같습니다.

120%를 선택하면 매달 세금을 조금 더 내고,
연말정산 때 환급을 받을 확률이 높아집니다.
100%는 중간 수준이며,
80%를 선택하면 평소에는 세금을 덜 내는 대신,
연말정산 때 추가 납부할 가능성이 조금 높아집니다.

하지만 저는 80% 선택을 추천드립니다. 이유는 명확합니다. 어차피 1년간의 근로소득에 대해 내야 할 세금 총액은 동일합니다. 80%든 100%든 120%든, 최종적으로 내는 금액은 같습니다.

다만 120%를 선택해 환급을 받게 되면 기분은 좋을 수 있습니다. 하지만 이는 사실상 정부에 무이자로 돈을 빌려준 것과 같은 셈입니다. 세금을 더 냈고, 정부가 그 돈을 1년간 보유했다가 돌려주는 구조이기 때문입니다. 반대로 80%를 선택하면, 정부로부터 무이자로 돈을 빌려 쓰는 효과가 생깁니다.

물론 연간 기준으로 보면 20~30만 원 정도의 차이일 수 있습니다. 하지만 이 역시 작은 금액은 아닙니다. 그 돈으로 적금 이자나 커피 몇 잔 값 정도는 충분히 마련할 수 있습니다.

따라서 행정실에 문의하셔서 원천징수세율을 80%로 변경하는 것을 권장드립니다. 작은 차이지만 장기적으로 보면 자금을 보다 유연하게 관리할 수 있는 방법이 될 것입니다.

빠지는 돈, 공제

보통 사람들이 말하는 '세후 실수령액'은 세전 연봉에서 세금만을 제외한 금액을 의미합니다. 그러나 교사들 사이에서 말하는 세후 실수령액은 조금 다른 의미로 사용되는 경우가 많습니다.

공제내역	
일반기여금	366,100
건강보험	151,460
건강보험연말정산	121,890
노인장기요양보험	19,610
장기요양연말정산	15,600
교직원공제회비	60,000
급식비	92,400
공제총액	**827,060**

교사 커뮤니티에 들어가 보면 "10년차인데 4월 세후 실수령이 200만 원 초반밖에 안 된다"는 글을 어렵지 않게 볼 수 있습니다. 그런데 막상 급여명세서를 자세히 보면, 급여 총액은 400만 원 이상으로 표시되어 있는 경우가 대부분입니다. 다만 그 아래 공제 항목을 보면, 교직원공제회비 몇십만 원, 연말정산 관련 정

산금 1~20만 원 등이 적혀 있습니다. 즉, 세금만 뺀 금액이 세후 급여인데 여기에 공무원연금(일반기여금), 건강보험료, 장기요양보험료, 교직원공제회비 등까지 모두 제하고 남은 금액을 '실수령액'으로 부르니, 당연히 체감상 금액이 적게 느껴질 수밖에 없습니다. 결국 교사의 실수령액이 줄어드는 주요 원인은 세금이 아니라 각종 공제 항목에 있습니다. 하나씩 살펴보겠습니다.

일반기여금

용어가 조금 생소할 수 있지만, 쉽게 말해 공무원연금입니다. 급여의 약 9%가 자동으로 공제되어 연금으로 적립됩니다. 가족수당, 부장수당 등으로 급여가 늘어나면 그만큼 연금에 납입되는 금액도 증가하여, 노후 수령액에도 차이가 생깁니다. 연금 제도에 대한 자세한 내용은 다음 장에서 다루므로, 여기서는 "교사는 매달 일정 비율의 연금을 의무 납입하고 있다" 정도로 이해하시면 충분합니다.

건강보험료 및 노인장기요양보험료

이 두 항목은 사회 유지에 필수적인 의무 보험료로, 선택이 아닌 강제 가입 대상입니다. 연금처럼 개인 명의로 쌓이는 돈이 아니라, 말 그대로 공동체 운영을 위한 분담금이므로 체감상 "그냥 사라지는 돈"으로 느껴지기도 합니다.

매년 4월에는 전년도 소득 증가분에 대한 정산이 이뤄지기 때문에, 대부분의 교사는 이 시기에 평소보다 실수령액이 줄어드는 현상을 경험합니다. 이는 호봉 상승 등으로 인한 소득 증가 때문이며, 일시적인 현상입니다.

교직원공제회비

교직원공제회에 납입하는 장기저축급여, 또는 공제회 대여(대출) 이용 시 발생하는 이자 상환금이 급여에서 원천공제됩니다. 이 금액은 개인별로 차이가 큰데요, 누군가는 3만 원, 누군가는 6만 원, 어떤 분은 100만~200만 원대까지도 납입합니다. 같은 경력이라도 담임·부장 등 담당 업무에 따라 세전 수입이 다르고 공제회에 얼마를 납입하느냐에 따라 실수령액이 달라지게 되는 구조입니다.

이처럼 급여에서 세금과 각종 공제를 모두 제외하면 실수령액이 계산됩니다. 하지만 여기서 중요한 점은, 공제 중 일부는 '저축' 성격을 가진다는 것입니다. 연금(일반기여금)은 노후를 위한 강제 저축, 교직원공제회는 장기적 자산 형성 수단으로 볼 수 있습니다.

따라서 현재 기준 실수령액은 작아 보이지만 '노후 기준 실수령액'

으로 본다면 연금과 공제회 납입액까지 포함해 계산할 수 있습니다. 즉, 다른 직업군이 선택적으로 노후 대비를 해야 하는 반면, 교사는 이미 의무적으로 미래 자산을 축적하고 있다는 점이 큰 차이입니다.

Chapter 5

12개월 월급관리
100점 루틴

고정지출 파악하고
저축할 돈 정하기

앞의 내용을 보셨다면, 이제 선생님들께서는 1년 동안 어느 시점에 얼마를 받을지를 대략적으로 계산하실 수 있을 것입니다. 일반 기업의 경우 회사 정책에 따라 성과급이 생겼다가 없어지기도 하고, 연봉 협상이 잘되지 않으면 인상은커녕 동결이나 삭감까지 되는 일이 흔합니다. 이에 비해 교사의 급여는 비교적 안정적이고, 이 같은 '예측 가능성'은 재테크에 있어 매우 큰 장점이라고 할 수 있습니다. 이 점을 활용하면 12개월간의 월급 관리 루틴을 훨씬 깔끔하게 세울 수 있습니다.

루틴에 대해 본격적으로 살펴보기 전에, 먼저 월급 관리의 '기본'부터 정리해보겠습니다. 제가 사용하고 있는 방법이라 모든 분께 정확히 들어맞지는 않을 수 있지만, 각자의 상황에 맞게 조금씩 변형하시면 됩니다.

가장 먼저 해야 할 일은 고정지출 파악입니다. 고정지출에는 주거비, 식비, 교통·통신비, 보험료, 조합비, 구독료 등이 포함됩니다. 이 부분을 정확히 알고 있느냐 없느냐가 꽤 중요한데, 돈을 잘 모으지 못하는 분들 중에는 매달 어떤 돈이 얼마나 나가는지조차 모르는 경우가 많습니다. 매일 가계부를 쓰라는 뜻은 아닙니다. 물론 그렇게 하면 가장 좋겠지만, 어렵다면 적어도 매달 빠져나가는 고정지출이 얼마인지는 파악해 두셔야 합니다.

고정지출이 파악됐다면, 다음으로는 매달 저축할 금액을 정하는 일입니다. 저축은 단순히 예·적금만을 뜻하지 않습니다. 주식을 꾸준히 모으는 것, 대출 원금을 상환하는 것도 모두 넓은 의미에서는 저축이라고 할 수 있습니다. 즉, 자산을 늘리는 모든 행위가 저축입니다.

재테크 책이나 영상을 보면 "소득의 60% 이상을 저축하라"는 조언이 자주 등장하지만, 저는 그렇게 생각하지 않습니다. 사람마다 처한 상황이 모두 다르기 때문입니다. 누군가는 부모님 집에 살며 생활비를 거의 쓰지 않을 수도 있고, 누군가는 부모님을 부양하거나 학자금 대출, 각종 이자를 갚아야 하는 상황일 수도 있습니다. 따라서 정답은 없습니다. 그냥 할 수 있는 한 최대로 저축하면 됩니다. 상황이 어려운데 60%를 하지 못했다고 해서 비참해할 필요도 없고, 반대로 생활비가 거의 들지 않아 60%를 저축했다고 해서 대단하게 자랑할 이유도 없습니다. 중요한 것은, 현재 자신이 처한 상황에서 자산을 늘리기 위해 할 수 있는 최선을 다하는 것입니다. 그 '최선'이라는 단어가 추

상적으로 느껴질 수도 있겠지만, 다음 항목들을 이야기하면서 조금
더 구체적인 감을 잡을 수 있을 것입니다.

나의 소비, 한번 돌아보기

저축액은 사실 고정지출만으로 정해지지 않습니다. 고정지출을 제외하고도, 반드시 필요한 소비 항목이 있기 때문입니다. 돈을 모으는 과정에서 소비를 얼마로 제한해야 하는지는 정답이 없습니다.

저는 이렇게 생각합니다. 최대한 아끼며 살되, 삶의 의미를 잃지 않을 만큼은 써야 한다. 이 부분이 잘 와닿지 않을 수도 있으니, 제가 신규 교사로 처음 일을 시작했을 때의 경험을 이야기해보겠습니다.

저는 2016년에 교직 생활을 시작했습니다. 당시 초임 교사의 실수령액은 200만 원이 채 되지 않았던 것으로 기억합니다. 그럼에도 불구하고, 저는 첫해 목표를 '1,500만 원 모으기'로 잡았습니다. 그런데 예상치 못한 문제가 생겼습니다. 학교가 집에서 너무 멀었던 겁니다. 돈을 아끼기 위해 자취는 하지 않았고, 출퇴근이 가능한 거리를 유지하기로 했지만, 대중교통으로 편도 1시간 40분, 왕복 3시간이 걸렸습니다. 게다가 배차 간격 때문에 30분 일찍 도착하거나 20분 지각하는 상황이 반복되어, 결국 매일 새벽 5시 30분에 기상해 출근해야 했습니다. 업무 적응도 쉽지 않은데 출퇴근으로 체력까지 소모되니 버티기가 어려웠습니다.

결국 저는 중고차 한 대를 구입했습니다. 자취보다 비용은 덜 들었지만, 할부금과 자동차 보험료, 기름값만 해도 월 50~60만 원이 나갔습니다. 월급 200만 원 중 120만 원을 저축하고, 휴대폰 요금과 보험료를 내면 남는 돈은 5~10만 원 정도였습니다. 그때 제 나이는 24세. 친구들은 전역 후 대학생활을 하며 용돈을 받던 시절이었죠.

저는 목표를 지키겠다고 소비를 극도로 줄이며 살았습니다. 한 달에 한두 번 친구를 만나면 "국밥은 비싸니 김밥 먹자"고 말하며, 둘이 합쳐 7천 원으로 김밥과 떡볶이, 어묵을 나눠 먹고 PC방에서 두 시간 놀다가 헤어졌습니다. 옷 쇼핑은 꿈도 못 꿨습니다. 남는 돈이 없었으니까요. 그렇게 살다 보니 가끔 이런 생각이 들었습니다. "내가 잘 먹고 잘 살자고 일하는 건데, 이렇게까지 비참하게 살아야 하나?" 1년도 채 되지 않아 포기할 뻔했지만, 다행히 끝까지 버텨 목표를 달성했습니다.

하지만 이렇게까지 절약하는 건 현실적으로 쉽지 않으며, 굳이 그럴 필요도 없습니다. 교사의 재테크는 긴 호흡으로 가야 합니다. '여유로운 노후'를 목표로 한다면 인생을 갈아넣는 식으로는 지속할 수 없습니다. 최대한 저축하되, 최소한의 소비로 삶의 균형을 지키는 것,

그것이 핵심입니다. 가끔 돈이 남는 달이 있을 것입니다. 그럴 때는 "한 달간 열심히 살아온 나에게 주는 작은 선물"로 써도 좋습니다. 혹은 남은 돈을 다시 저축해도 좋습니다. 이 부분은 각자의 성향과 상황에 따라 자유롭게 선택하시면 됩니다.

잘하면, 수당만 가지고
노후준비 할 수 있다

'여유로운 노후 만들기'에서 제가 가장 중요하게 생각하는 부분은 바로 '수당의 활용'입니다. 앞서 말씀드렸듯, 10년 차만 되어도 교사가 매년 받는 정근수당, 명절수당, 성과급을 모두 합치면 1,000만 원이 훌쩍 넘습니다. 사실 노후 준비는 이 돈만으로도 충분히 가능합니다. 자세한 설명은 다음 장에서 다루겠지만, 여기서는 기본적인 마인드만 짚고 넘어가겠습니다.

"여유로운 노후를 만들고 싶다면, 수당은 지금의 내가 아닌 미래의 나를 위한 돈이라고 생각하자."

이 한 문장만 꼭 기억해 두시면 됩니다. 지금의 편안함을 조금 미루

는 대신, 미래의 안정감을 얻는 것. 그것이 교사 재테크의 핵심이자,
'오래 가는 경제 루틴'의 출발점입니다.

12개월 월급관리
100점 루틴

앞선 내용을 기억한 채로, 이제 1년 12개월 동안 월급을 어떻게 관리하면 좋을지 구체적으로 살펴보겠습니다. '연금저축 납입 타이밍'은 다음과 같이 그림에 빨간색 별표 표시를 하여 강조해 드리겠습니다. 연금저축에 대한 자세한 이야기는 다음 챕터에서 다루니 여기에서는 "수당이 나올 때마다 연금저축에 넣으면 된다" 정도를 중심으로 생각해 주시면 되겠습니다.

교사의 월급이 가장 많을 때, 즉 피크를 찍는 시기는 매년 1~3월입니다. 1월에는 정근수당이 지급되고, 설날이 1월에 포함되어 있다면 명절수당까지 함께 나옵니다. 이 시기가 이론상 연간 월급의 최대치를 기록하는 때입니다. 이 시기에는 흔히 갑자기 고소득자가 된 듯한

기분이 들어, 수당으로 해외여행을 다녀오거나, 평소보다 비싼 음식을 먹는 경우가 많습니다.

설이 2월에 있다면 1월에도 월급이 많고, 2월에도 많습니다. 게다가 3월에는 복지포인트와 성과급, 그리고 경우에 따라 연말정산 환급금까지 나오기 때문에 1년 중 가장 풍족한 시기가 바로 이때입니다. 저 역시 2025년 3월에는 월급, 성과급, 연말정산 환급, 복지포인트 청구분을 모두 합쳐 통장에 1,000만 원이 넘는 돈이 들어왔습니다. 기분이 굉장히 좋았던 기억이 납니다.

하지만 바로 이 시기가 가장 중요한 시기이기도 합니다. 1년 동안받는 각종 수당 중 최소 600만 원은 연금저축에 넣는다는 목표를 반드시 세워야 합니다.

다른 돈은 전부 써도 괜찮습니다. 공무원연금은 근무만 하면 자동으로 쌓이기 때문에, 별도의 추가 노후 대비는 연 600만 원 정도면 충분합니다. 이 시기에 갑자기 많아진 월급에 취해 과소비를 하는 실수만큼은 절대 금물입니다. 왜 그렇게 말씀드리는지는 책을 계속 읽어가시다 보면 자연스럽게 이해되실 겁니다.

다음은 4~6월입니다. 학교에 따라 연말정산 환급이 4월까지 이어져 소득이 늘어날 수도 있지만, 4월에는 건강보험료 연말정산이 함께 이루어지기 때문에 1년 중 월급이 가장 적은 달이기도 합니다. 5월은 가정의 달이라 소비가 많아지는 시기입니다. 항상 같은 금액을 저축하고 소비해왔다면, 이 시기에는 돈이 부족하게 느껴질 수 있습니다. 따라서 이때를 대비해 용돈 중 일부를 비상금으로 미리 빼두는 것도 좋은 방법입니다. 6월은 특별한 변동이 없는 달로, 평소 루틴대로 유지하시면 됩니다.

다음은 7~9월입니다. 7월에는 다시 정근수당이 지급됩니다. 그래

서 잠시 기분이 좋아지지만, 집이 있다면 곧바로 재산세 고지서가 날아옵니다. 제가 추구하는 인생 설계 방향대로라면, 교사라면 누구나 인생 중반에는 자신의 집 한 채쯤은 보유하고 있는 상태일 것입니다. 따라서 7월에 받는 정근수당은 재산세 납부용으로 쓰인다고 보시면 됩니다. 보통 8~9년 정도 근무하고 결혼할 즈음 집을 구입하게 되는데 양가의 지원을 많이 받거나 스스로 크게 성공해서 고가의 주택을 마련한 경우가 아니라면 정근수당으로 재산세를 충당하기에 충분합니다.

8월은 방학이라 소비가 늘어나는 시기이므로 5월처럼 소비 패턴을 미리 점검하고 대비해두면 좋습니다. 9월에는 명절수당이 나오고, 이어서 하반기 재산세가 부과됩니다. 이 시기에는 연금저축 추가 납입과 재산세 납부를 동시에 고려하시면 됩니다. 명절에 부모님께 드릴 용돈이 있다면, 그 부분도 함께 계산해 두시고요.

10월부터 12월까지는 특별한 변동이 없습니다. 다만 12월은 연말 모임과 행사가 많기 때문에, 이 부분을 미리 감안해 소비 계획을 세워두시면 좋습니다.

다시 말씀드리지만 목표를 '여유로운 노후'로 잡으신다면 복잡하게 생각하실 필요 없습니다. 다음 한 가지만 꾸준히 실천해 주셔도 충분합니다.

"매년 수당으로 연금저축 600만 원을 채운다."

10년 차 교사만 되어도 매년 받는 수당이 1,000만 원이 넘습니다. 그중 600만 원을 저축하고, 남은 400만 원으로 부모님 용돈, 가까운 해외여행, 재산세 납부 등 대부분의 항목을 해결할 수 있습니다. 즉, 월급은 손대지 않고도 수당만으로 재테크와 여유로운 생활이 모두 가능하다는 뜻입니다.

> **tip 핵심 정리**
>
> - **1~3월**: 수당 집중 지급 시기 → 연금저축 납입
> - **4~6월**: 건보료 정산 및 소비 관리
> - **7~9월**: 정근수당, 명절수당 → 재산세 납부, 연금저축 납입
> - **10~12월**: 소비 조절 및 연말 준비
> - "수당은 미래의 나를 위한 돈이다." 이 한 문장으로 교사 재테크의 반은 이미 완성!

복지포인트
잘 활용하는 법

동네 길거리 옷가게에서 '공무원 복지카드 사용 가능'이라는 안내 문구를 종종 볼 수 있습니다. 공무원 복지포인트로 물건을 살 수 있는 복지몰도 여럿 있죠. 예전에는 복지포인트를 다 쓰지 못해 연말에 급히 사용하러 다니는 분들을 어렵지 않게 볼 수 있었는데, 요즘은 그런 광경을 찾기 힘들어졌습니다. 예전에는 사용처가 제한되어 애물단지 취급을 받기도 했지만, 최근에는 사행성 도박을 제외하고 거의 모든 분야에서 사용할 수 있는, 사실상 현금성 포인트가 되었기 때문입니다. 월급처럼 그냥 주는 돈이 아니라 '먼저 사용하고 청구하면 돌려받는' 돈이라고 생각하시면 됩니다.

1점은 1,000원에 해당하는 복지점수의 구성은 대략 이렇습니다. 상세 내용은 지역별로 다르지만, 공무원이라는 이유만으로 배정되는 기본 점수가 800~900점(80만~90만 원) 정도 나오고, 결혼한 공무원에게 제공되는 배우자 점수가 200점(20만 원), 직계존속 100점, 첫째 자녀 100점, 둘째 200점, 셋째 이상 300점씩 지급됩니다. 최근에는 출산축하금이 추가되어 자녀 출산 시마다 수백~수천만 원 상당의 복지포인트가 지급되는 경우도 있습니다. 여기에 건강검진 대상자, 난임지원, 태아검진 등 여러 사유로 복지포인트가 더해지니, 저출산 문제를 해결하려는 정책적 의지가 복지포인트 제도에도 반영되어 있다고 볼 수 있습니다.

2025년 복지점수 배정 기준(요약)

*출처: 〈2025년도 공무원 맞춤형복지 업무처리 지침[시행용]〉, 서울특별시교육청

구분	기본복지	변동복지												
		근속	가족					출산축하			건강검진	난임지원	태아·산모검진	
			배우자	직계존속	첫째	둘째	셋째이상	첫째	둘째	셋째이상	격년제	해당자		
												재직중 1회	자녀당 1회	
복지점수	900 일률배정 + 신규임용 축하점수 50점	200	100	100	200	300	1,000	3,000	5,000	200	500	100		
		0~10년차 일괄 100점 11년차부터 1년 근속당 10점씩 누적 **최대 350**	▶ 배우자 및 부양가족은 합하여 4인 초과 불가 • 단, 자녀는 인원수에 관계없이 모두 배정 가능 ▶ 가족점수 배정 대상자는 <u>반드시 가족수당 지급 요건을 충족하여야함</u>					25.1.1.~25.12.31. 기간 동안 자녀를 출산한 본인 또는 배우자(부부공무원 중복 지급 불가) • 출산한 자녀 수에 따라 점수 차등 배정			**1) 건강검진** ▶ 개인의 건강검진 주기에 따라 연령제한 없이 격년제로 200점 **2) 난임지원** ▶ 25.1.1.~12.31.기간 동안 난임진단을 받은 본인 또는 배우자 (부부공무원 중복 지급 불가, 재직기간 중 1회) **3) 태아·산모검진** ▶ 25.1.1.~12.31.기간동안 임신 또는 출산한 본인 또는 배우자 (부부공무원 중복 지급 불가)		

기본적으로 지급되는 복지포인트는 연간 100만 원 내외가 되는 경우가 많고, 추가 사유에 따라 더 늘어납니다. 다만 이 중 일부는 공무원 단체보험에 의무적으로 가입해야 사용되는 항목이 있고, 일부는 온누리상품권이나 지역화폐로 의무 전환해야 하는 규정이 있어 결국 청구 가능한 포인트는 달라질 수 있습니다. 이렇게만 보면 연간 80만 원 남짓이라 '쏠쏠하냐'고 생각하실 수도 있지만, 복지포인트는 3월부터 청구가 가능합니다. 3월은 성과급과 연말정산 환급금이 나오는 시기이기도 하므로, 복지포인트 청구분까지 곱하면 3월 통장에 들어오는 금액이 꽤 커질 수 있습니다. 제 경험으로도 복지포인트가 3월 월급을 늘리는 데 적지 않은 역할을 했습니다.

---

tip 달콤 꿀팁

- **복지포인트몰 사용은 비효율적일 수 있음**
  → 복지몰은 가끔 비싼 편이거나 원하는 품목이 없는 경우가 있습니다. 꼭 비교해보고 사용하세요.

- **호텔 숙박, 여행, 식당 등 거의 모든 분야에서 사용 가능**
  → 쓸 만한 소비처가 생각보다 다양하니, 평소에 필요한 지출을 계획적으로 복지포인트로 처리하면 실질적 이득이 됩니다.

- **개인 실비보험으로 보상받은 의료비도 복지포인트 청구 가능**
  → 개인 실비보험으로 진료비를 보상받았더라도, 복지포인트는 카드 결제 내역을 기준으로 지급 여부를 판단하기 때문에 중복 청구에 제한이 없습니다. 보험사에서 보상을 받았더라도 복지포인트 청구에는 지장이 없습니다. 병원 방문이 잦았다면 포인트를 쉽고 빠르게 모두 사용할 수 있습니다.

물론 "그 돈을 받으려면 먼저 써야 한다"는 점에서 막막해하실 분도 계실 텐데요. 억지로 불필요한 소비를 해가며 포인트를 받으실 필요는 없습니다. 여기 복지포인트 사용 관련 실용 팁을 몇 가지 드립니다.

복지포인트는 '사용한 금액을 청구하면 돌려받는 현금' 성격이 강하지만, 굳이 직접 소비하지 않고 다른 화폐로 전환하는 방법도 있습니다. 요즘은 복지포인트를 온누리상품권, 지역화폐, 페이코 포인트 등으로 전환해두고 필요할 때마다 쓰는 것이 가능합니다. 각각의 장단점은 다음과 같습니다.

tip 달콤 꿀팁

- **온누리상품권 / 지역화폐**: 충전 금액에 대해 10% 인센티브가 제공되는 경우가 있어 단기간에 포인트 가치를 더 올릴 수 있지만, 사용 가능한 가맹점이 제한적이라는 단점이 있습니다.

- **페이코 포인트**: 인센티브는 없지만 온·오프라인 사용처가 매우 넓어 현금과 거의 동일하게 쓸 수 있는 장점이 있습니다.

따라서 크게 쓸 곳이 마땅치 않아 복지포인트를 빨리 '현금화'하고 싶다면 위 전환 수단 중 본인에게 맞는 것을 선택하시면 됩니다. 상황에 따라, 또는 연말·연초의 소비 패턴에 맞춰 복지포인트를 전략적으로 활용하면 의외로 연간 가계에 큰 도움이 됩니다.

공무원 복지포인트는 금액 자체가 아주 크다고 할 수는 없지만 매년 꾸준히 지급된다는 점에서 체감 만족도가 있는 혜택입니다. 특히 생활비와 별개로 쓸 수 있는 '작은 보너스' 같은 성격을 가지고 있어, 생각보다 쓸모 있고 심리적인 여유를 만들어주는 효과도 있습니다. 결국 복지포인트는 잘 활용하면 월급 외에 주어지는 작은 추가 소득처럼 기능하니 각자 생활 패턴에 맞게 알뜰하게 사용해보시면 좋겠습니다.

공무원 단체보험,
가입하는 게 좋을까: 실비보험

복지포인트를 이야기할 때 빠질 수 없는 주제가 바로 공무원 단체보험입니다. 그중에서도 이번에는 강제 가입이 아닌 선택 가입이 가능한 '실비보험'에 대해 이야기해보겠습니다.

공무원의 경우 개인적으로 가입한 실비보험이 있다면, 단체 실비보험 가입 여부를 본인이 선택할 수 있습니다. 하지만 개인 실비보험이 전혀 없다면 단체 실비보험에 의무적으로 가입해야 합니다. 보통 매년 9월경에 선택 여부를 결정하게 되는데요, 이번에는 단체 실비보험에 가입하는 것이 유리한 경우와 그렇지 않은 경우, 즉 흔히 말하는 단체 실비 vs 개인 실비 논쟁에 대해 간단히 정리해보겠습니다.

먼저, 단체 실비보험 가입이 불리한 경우입니다. 기본적으로 단체 실비보험은 "공무원이라면 누구나 가입할 수 있도록" 설계되어 있기 때문에, 가입 조건이 상당히 완화되어 있습니다. 이로 인해 보험료 대비 보장금액이 상대적으로 낮은 편입니다. 따라서 이미 개인 실비보험을 잘 갖추고 계신 분이라면, 굳이 개인 실비보험을 해지하고 단체 실비보험에 가입할 이유는 없습니다.

"두 개 다 가입하면 안 되나요?"라고 생각하실 수도 있습니다. 하지만 실비보험은 중복 보장이 불가능한 보험입니다. 즉, 같은 항목에 대해 두 보험에서 동시에 보상을 받을 수는 없습니다. 결국 보장 효율을 고려하면, 개인 실비보험이 탄탄한 분에게는 단체 실비보험이 오히려 불리한 선택이 됩니다.

반대로, 단체 실비보험 가입이 유리한 경우도 있습니다. 크게 두 가지로 나눌 수 있습니다.

첫째, 건강 상태가 좋지 않거나 질병 이력이 있어 개인 실비보험 가입이 어려운 경우입니다. 이 경우 단체 실비보험이 사실상 유일한 선택지가 됩니다. 개인 실비보험은 심사 기준이 까다로워 질병 이력이 있으면 가입이 제한되지만, 단체 실비보험은 이런 제한이 거의 없습니다. 따라서 기존에 개인 실비보험을 미리 들어두지 않았다면 그 시점에서는 단체 실비보험에 가입하는 것이 사실상 필수에 가깝다고 보셔야 합니다.

둘째, 출산을 앞둔 경우입니다. 이때는 '유리하다' 수준이 아니라, 무조건 가입하는 것이 좋습니다. 요즘 임신·출산과 관련된 각종 지원금 제도가 많아졌다고는 하지만, 실제로 병원비 지출이 적지 않습니다. 개인 실비보험에 추가로 태아보험이나 산모보험을 들어두더라도 검진비, 수술비, 약제비 등은 거의 보장이 되지 않습니다.

반면 공무원 단체 실비보험은 임신과 출산 과정에서 발생하는 주요 비용 대부분을 보장해 줍니다. 실제로 약 10~20만 원 수준의 복지 포인트를 사용해 단체 실비보험에 가입한 뒤, 출산 과정에서 200만 원 상당의 보험금을 지급받은 사례도 있습니다.

따라서 단체보험 선택 시기에 임신이나 출산 계획이 있으시다면, 반드시 가입해두시는 것을 권장드립니다. 단체보험은 평소에는 체감이 적을 수 있지만, 필요한 순간에는 그 어떤 복지보다 확실한 도움이 되는 제도입니다.

tip 핵심 정리

- 개인 실비보험이 탄탄하다면 → 굳이 단체 실비보험 가입 불필요
- 질병 이력 등으로 개인 실비 가입이 어렵다면 → 단체 실비보험이 사실 유일한 선택지
- 임신 · 출산을 앞둔 경우 → 반드시 가입 (보장 범위 · 환급액 모두 유리)

• Chapter 6 •

여유로운 삶에
도달하게 해주는
4단계 재테크

1단계: 오래 일하기

이제까지 '나 자신'과 '교사라는 직업', 그리고 '재테크의 기본 개념'에 대해 살펴보았습니다. 이제는 그 내용을 바탕으로, 여유로운 삶을 만드는 4단계에 대해 이야기해보겠습니다.

먼저 가장 기본이 되는 1단계, 오래 일하기입니다. 혹시 '엄청난 비법'이나 '지름길'을 기대하셨다면 다소 실망스러울 수도 있겠습니다. 하지만 안전하고 지속적인 노후를 만드는 가장 확실한 방법은 결국 오래 일하는 것입니다.

교사 생활이나 급여에 만족하지 못해 개인 사업을 시작하거나, 중간에 이직을 선택하는 경우를 종종 봅니다. 그러나 애매한 시점에서의 이탈은 교사라는 직업의 장점을 충분히 활용하지 못하게 하는 결정이 될 수 있습니다. '오래 일하기'는 월급 측면에서도 중요하지만, 무엇보다 노후 대비 측면에서 결정적인 의미를 가집니다. 교사는 수십 년간 일을 하며 벌어들인 돈을 모두 써버린다 해도, 정년까지 근무하기만 하면 은퇴 후 아무런 일을 하지 않아도 현재 가치로 월 약 300만 원에 달하는 수입을 꾸준히 얻을 수 있습니다. 그 이유는 모두가 알고 있듯 공무원연금 덕분입니다. '현재 가치로 월 300만 원'이라는 금액은 결코 작은 자산이 아닙니다.

이해를 돕기 위해 제 부모님 이야기를 잠시 해보겠습니다. 부모님께서는 1990년대 초반, 상가 두 칸을 분양받으셨습니다. 당시 분양가는 1억 2천만 원이었고, 보증금 3천만 원에 월세 120만 원을 받았습니다. 현금 9천만 원을 투자해 연간 1,440만 원의 소득을 얻었으니 연 수익률 16%, 지금 기준으로 봐도 성공적인 투자였습니다. 물론 "그 돈으로 서울 아파트나 신도시 땅을 샀다면…" 하는 아쉬움은 남지만, 그건 결과론일 뿐입니다.

문제는 그 상가의 30년 후 상황입니다. 그동안 물가와 자산 가치는 크게 올랐지만 지금 그 상가의 보증금과 월세는 2천만 원 / 120만 원 수준입니다. 즉, 월세는 그대로이고 오히려 보증금은 낮아졌습니다. '좋은 위치'를 고르지 못했기 때문입니다.

흔히 '건물주'라는 말에 환상을 갖곤 하지만, 시간이 흐른다고 해서 현금 흐름이 저절로 늘어나지는 않습니다. 모든 투자가 성공적일 수 없으며, 물가가 오른다고 해서 내가 가진 자산의 가치가 자동으로 상승하는 것도 아닙니다.

부모님은 정말 성실하게 살아오셨습니다. 젊은 시절부터 오로지 저축으로 마련한 상가에서 나오는 월세는 현재 두 분 합산 약 250~300만 원 정도입니다. 사치도, 투기성 투자 실패도 없었고, 그저 묵묵히 일하며 생활비를 절약해 모은 결과가 이 정도입니다. 이 정도면 일반적인 기준에서 '노후 대비를 잘한 편'이지만, 사실상 정년퇴직 교사 한 명의 연금 수입에도 못 미칩니다. 그런데도 공무원들조차 자신의 연금 가치를 과소평가하는 경우가 많습니다.

저 역시 친한 교사 동생이 "연금 납부액이 아깝다. 그 돈으로 내가 투자하고 싶다"고 말하는 걸 들은 적이 있습니다. 아마 비슷한 생각을 하시는 분들도 많을 것입니다. 하지만 공무원연금의 구조를 이해한다면 그런 생각이 얼마나 위험한지 알게 됩니다. 공무원은 국가의 안정적 운영에 꼭 필요한 인력입니다. 따라서 가능한 한 오래 근무하도록 유도해야 합니다. 만약 성과급 중심으로 급여 체계를 바꾸거나 젊은 시절에 급여를 몰아주는 구조가 된다면 어떻게 될까요?

예를 들어 20대 교사에게 300만 원, 30대에 700만 원을 주다가 40대엔 300만 원, 50대엔 200만 원으로 급여가 줄어든다면, 누가 40대 이후까지 교사로 남고 싶어 하겠습니까? 이런 구조에서는 젊은 인력들이 모두 떠나게 됩니다. 따라서 공무원 제도는 오래 일할수록 유리한 구조여야만 합니다. 그 핵심이 바로 호봉제와 공무원연금입니다.

공무원연금은 단순히 내가 낸 돈만 쌓이는 구조가 아닙니다. 본인이 급여의 9%를 납부하면, 국가 또는 지자체가 같은 금액을 추가로 납입합니다. 즉, 내가 36만 원을 내면 나라에서 36만 원을 더 내주어한 달에 72만 원이 내 노후를 위해 자동 적립되는 셈입니다. 최대 36년까지 납입이 가능하므로 36년 동안 국가가 내 노후를 함께 책임지는 구조라고 볼 수 있습니다. 물론 강제 납부라는 점에서 불만이 있을 수 있지만, 그 가치를 결코 가볍게 볼 수는 없습니다.

대부분의 사람들은 재테크를 이야기하면서도 정작 노후를 위한 '꾸준한 저축'을 실천하지 못합니다. 반면, 공무원은 별도의 투자를 하지 않아도 이 제도를 통해 이미 강제로, 그리고 안정적으로 노후 준비가 이루어지고 있습니다. 공무원연금공단의 운용 담당자들은 전문 투자 역량을 갖춘 전문가들이며, 수십 년간 강제로 쌓이는 자금을 안정적으로 운용합니다.

연금 제도가 앞으로도 완전한 형태로 유지될지는 아무도 장담할 수 없지만, 정부는 제도의 지속 가능성을 위해 꾸준히 개혁(혹은 '개악')을 시도하고 있습니다. 그만큼 완전 폐지는 어렵고, 조정 속에서도 유지될 가능성이 높다고 볼 수 있습니다.

연금 제도가 여러 번 손질되었더라도 현재 기준으로는 여전히 충분히 합리적인 수준의 보장을 제공합니다. 정확한 예상 수령액은 물가상승률과 임금상승률에 따라 달라지므로 완벽한 계산은 불가능하지만, 대략적인 감각은 잡을 수 있습니다. 근속 10년마다 약 70만 원 수준의 연금을 받는다고 생각하시면 됩니다.

10년 근무한 교사는 약 70만 원,

20년 근무자는 140~150만 원 정도,

30~40년 근무자는 월 300만 원 전후의 연금을 기대할 수 있습니다.

즉, 연금제도가 존속하는 한 별도의 저축을 하지 않고 정년까지 근무하기만 해도 노후에 일을 하지 않고 '살아갈 수 있는' 기반이 자동으로 마련되는 셈입니다.

요즘은 교사가 오래 일하기 어려운 환경이 되어가고 있습니다. 사건·사고의 책임이 교사에게 전가되고, 사회적 시선도 점점 더 냉정해지고 있습니다. 그래서 명예퇴직이 가능한 나이가 되면 흔들리는 분들이 많습니다. 물론 노후 대비가 충분하다면 명예퇴직도 하나의 선택이 될 수 있습니다. 20년 이상 근속 후 명예퇴직을 하면 퇴직수당 외에 1억 원 이상의 명예퇴직수당을 받을 수 있으니까요. 하지만 아직 완전한 노후 설계가 되어 있지 않다면, 무작정 명퇴를 선택하는 것은 위험한 결정입니다. 명퇴 후 기간제 교사로 일하겠다는 분들도 계시지만, 그럴 계획이라면 굳이 명퇴를 서두를 필요가 없습니다. 일자리가 줄어드는 현실에서 정규직이 아닌 상태로 계속 일한다는 것은 생각보다 쉽지 않습니다. 명예퇴직 제도의 본질은 이렇게 정리할 수 있습니다.

"그동안 고생 많았다. 그런데 이제 당신의 급여가 너무 높다. 그만두면 목돈을 주겠다."

국가 입장에서는 경력이 많은 교사 한 명보다 신규 교사 두 명을 채용하는 것이 경제적입니다. 따라서 정부는 자연스럽게 오래된 교사들이 스스로 떠나도록 유도하고, 그 자리를 신규 인력으로 채워 인건비를 절감합니다. 교권이 약화된 현실 속에서 '이 직업을 그만두겠다' 는 선택은 결국 정부의 예산 절감 정책을 돕는 결과가 되기도 합니다.

그러니 생존을 지키려면 급하게 나가는 대신, 가능한 한 오래 근무하며 연금을 쌓는 것이 경제적인 선택입니다. 그것이 본인의 미래를 지키는 길이고, 이 사회의 불합리 속에서도 흔들리지 않는 전략입니다.

오래 일하십시오. 최대한 오래 월급을 받으시고, 최대한 많이 연금을 쌓으십시오. 그것만으로도 월 300만 원의 안정된 노후 자산이 세팅됩니다. 그리고 그것이야말로 교사에게 주어진 가장 확실한 재테크입니다.

> **tip 핵심 정리**
>
> • 오래 일하기는 교사 재테크의 1단계이자 핵심 전략
> • 공무원연금 = 국가가 함께 납입하는 강제형 노후 자산
> • 근속 10년당 약 70만 원씩 연금 상승 (보수적 추정)
> • 섣부른 명예퇴직은 장기 수입 손실로 이어질 수 있다.
> • 버티는 것이 곧 전략. 교사 재테크의 첫걸음은 '지속'이다.

tip 공무원연금 계산식 뜯어보기

앞에서 '근속 10년마다 약 70만 원 수준의 연금을 받는다고 생각하면 된다'라고 말씀드렸죠. 그런데 이것보다는 상세한 설명이 필요할 듯 하여 공무원연금 계산식을 활용해 좀 설명을 드리고 넘어가는 게 좋을 것 같네요.

사실 앞서 말씀드린 '10년당 70만 원'은 계산 과정을 거의 다 생략하고 아주 보수적으로 잡은 값입니다. 저 수치를 처음 말한 지가 2년 쯤 되었는데, 올해(2025년) 20년을 채우신 선생님의 예상 연금 수령액이 월 160만 원을 넘기는 상황이니 물가상승률이 알차게 반영되고 있다고 봐야겠죠?

물론 이 금액은 담임, 부장 여부에 따라 달라질 수 있지만 아직까지는 '10년당 70만 원'이라는 수치에서 그렇게 크게 벗어나지는 않았다고 볼 수가 있습니다.

그런데 여기서 또 "20년 채운 사람이니까 그렇지, 이제 시작하는 사람들은 망한 거 맞지 않냐?"라는 말이 나올 수 있으니 연금 수령액의 계산 방식부터 한번 제대로 뜯어보고 넘어가도록 하겠습니다. 이 부분은 인공지능의 힘을 빌려 계산을 했지만, 계산하는 과정에서 저도 머리를 쥐어뜯으며 썼기 때문에 텍스트로만 읽으시는 분들 역시 머리가 아프실 수 있습니다. 자세히 공부해보시려면 여러 번 읽어보시고, 머리가 아프시다면 몇 장을 넘기셔서 '2016년 이후에 일하기 시작했다면?'부터 봐주시면 되겠습니다.

퇴직연금 산정방식

1기간 ('09.12.31.이전)	**20년 미만**	평균보수월액 현가액 × 1기간 재직기간 × 2.5%
	20년 이상	평균보수월액 현가액 × (50% + 20년 초과 1기간 재직기간 × 2.0%)
2기간 ('10.1.1.~'15.12.31.)		평균기준소득월액 × 이행률 × 2기간 재직기간 × 1.9%
3기간 ('16.1.1.~)	**개인소득분**	평균기준소득월액 × 이행률 × 3기간 재직기간(30년까지) × (연도별 지급률 - 1%)
	소득재분배	소득재분배 평균기준소득월액 × 이행률 × 3기간 재직기간(30년까지) × 1%
	30년 초과	평균기준소득월액 × 이행률 × 3기간 재직기간(30년 초과) × 연도별 지급률

출처: 공무원연금공단 홈페이지

공무원연금의 계산은 그림에 제시된 표에 따라 이루어집니다. 2010년 이전 기간, 그러니까 지금으로부터 15년 전까지 근무를 하시던 분들이라면,

경력 중 20년 미만까지의 기간은
평균보수월액 × 재직 연수 × 2.5%를 계산한 금액,

20년을 넘는 기간에 대해서는
평균보수월액 현가액의 절반 + (평균보수월액 × 20년 초과 재직 연수 × 2%)를 계산한 금액만큼을 연금으로 받게 됐다는 뜻입니다.

무슨 말인지 잘 모르셔도 괜찮습니다. 몇 가지 개념만 잡고 가시면 됩니다.

'평균보수월액, 재직 연수, 2.5%'라는 숫자입니다. 평균보수월액은 해당 근로자가 1년간 받은 총 금액을 12로 나눈 값입니다. 평균적인 월 소득이라고 보시면 되는데 성과급은 제외됩니다.

이걸 기준으로 연금 수령액을 계산하게 되는데요. 2010년 이전까지는 이 평균보수월액에 재직 기간 최대 30년을 곱하고 거기에 2.5%를 곱한 값만큼 연금을 받을 수 있었다고 보시면 됩니다.

밑의 복잡한 건 버리고 위만 간단하게 보면, 정년퇴직을 했을 시에 대충 평균보수월액의 75% 수준에 해당하는 금액을 받을 수 있었다는 뜻입니다. 이렇게 기존에 받던 월급의 80% 가까운 수준까지 연금을 받을 수 있으니 "교사로 정년퇴직하면 월 3~400은 연금이 나온다"는 말이 나오던 거라고 보시면 됩니다. 정년퇴직을 하는 교사의 평균보수월액이 지금보다는 낮지만 거기에 곱하는 2.5% 지급률이 만들어낸 현상입니다.

그런데 사람들이 생각보다 오래 살게 되면서 이대로 가면 연금에 쌓인 돈이 빠르게 다 날아갈 것 같으니 개혁을 한 번 하게 됩니다. 그게 2기간입니다.

2010~2015년에 해당하는 2기간은 다음과 같은 공식으로 계산을 하게 됩니다. 이전과의 차이점이라면 지급률 2.5%가 1.9%로 감소했다는 점, 그리고 이행률이 추가되었다는 점입니다.

$$평균기준소득월액 \times 이행률 \times 근속\ 연수 \times 1.9\%$$

이행률 개념은 다음 그림을 참고해 주시기 바랍니다. 이는 연금 1 구간·2구간·3구간에 근무 연수가 겹쳐 있는 분들의 수령액을 계산하기 위해 보정하는 부분이라 복잡하게 생각하실 필요 없이 실은 깔끔하게 무시해주셔도 됩니다.

> **이행률**
>
> 이행률은 제도 개편(연금개혁) 과정에서 **구 제도와 신 제도의 지급률을 어떻게 연결(이행)할 것인가**를 정하기 위해 만든 개념입니다.
>
> 즉, **구제도(2.0% 등) 적용 기간과 신제도(1.9%, 1.7%) 적용 기간**을 합쳐서, 재직연수별로 "실제 적용되는 가중 평균 지급률"을 계산하는 장치예요.
>
> 예를 들어:
>
> - 2009년까지 근무분은 2.0%
> - 2010~2015년 근무분은 1.9%
> - 2016년 이후 근무분은 1.7%
>
>   ⇨ 이런 식으로 나눠서 각 구간별 근속연수 × 해당 지급률을 더한 뒤, 전체 재직 연수로 나눈 값이 "이행률"이 돼요.
>
> 즉, 이행률은 개혁 전후 여러 지급률이 혼재하는 세대에게 적용되는 가중치 개념이고, 지급률은 법으로 정해진 단일 비율이에요.

1기간과 2기간을 비교해보면 '평균소득월액 × 근속 연수 × 지급률'이라는 공식은 같지만 지급률이 2.5%에서 1.9%로 줄었습니다.

이게 무슨 차이를 만들었나 하면, 똑같이 30년 근무했을 경우 예전에는 소득월액의 75%를 받던 것이 이 기간부터는 57%를 받도록 변경된 겁니다. 그런데 한 번에 18% 차이는 너무 심하다 보니, 여기서 또 다른 요소가 하나 추가됩니다. 바로 최대 근속 인정 연수를 30년에서 36년으로 늘린 것입니다.

30년만 해도 최대로 나오던 시대에서, "최대한 오래 일한 사람만" 예전과 비슷한 수준까지 받을 수 있는 시대로 바뀐 겁니다. 36년 근무 기준으로는 1.9% × 36 = 약 69% 수준의 연금을 받을 수 있었는데요. 소득월액을 기준으로 한 백분율은 줄었지만, 소득월액 자체가 증가했으니 이때도 정년퇴직한 사람들은 3~400만 원 수준의 연금을 받게 됩니다.

그리고 2기간부터는 아주 치명적인 항목이 하나 추가됩니다. 바로 연금 지급액의 기준이 되는 보수월액 산정 기준을 '퇴직 전 3년 평균'에서 '재직 기간 전체 평균'으로 바꿔버린 것입니다. 이게 어떤 결과를 불러왔는지는 뒤에서 더 설명해보도록 하겠습니다.

2016년 이후에 일하기 시작했다면?

제가 정확히 2016년부터 일을 하기 시작했으니 현재로서는 10년 차가 된 저와 이제 막 일을 시작하시는 신규 선생님들의 연금액 계산식은 같습니다. 앞의 표에 제시된 3기간을 기준으로 보시면 되는데요. 마찬가지로 이행률은 계산할 필요가 없습니다. 2016년에 시작했다면 이행률 자체가 필요가 없거든요.

퇴직연금 산정방식

1기간 ('09.12.31.이전)	20년 미만	평균보수월액 현가액 × 1기간 재직기간 × 2.5%
	20년 이상	평균보수월액 현가액 × (50% + 20년 초과 1기간 재직기간 × 2.0%)
2기간 ('10.1.1.~'15.12.31.)		평균기준소득월액 × 이행률 × 2기간 재직기간 × 1.9%
3기간 ('16.1.1.~)	개인소득분	평균기준소득월액 × 이행률 × 3기간 재직기간(30년까지) × (연도별 지급률 - 1%)
	소득재분배	소득재분배 평균기준소득월액 × 이행률 × 3기간 재직기간(30년까지) × 1%
	30년 초과	평균기준소득월액 × 이행률 × 3기간 재직기간(30년 초과) × 연도별 지급률

출처: 공무원연금공단 홈페이지

2016년 이후에 일을 시작하신 선생님들의 연금을 구체적으로 계산해보기 위해서는 다음 식을 사용해줘야 하는데요. 또 어려운 말이 잔뜩 나왔습니다. 설명을 좀 하고 넘어가겠습니다.

3기간 (2016.1.1. 이후 기간)	• 소득재분배 평균기준소득월액 × 재직기간별 적용비율 (시행령 부칙 제10조) ※ 재직기간(30년까지) × 연도별 연금지급율 중 1% • 평균기준소득월액 × 재직기간별 적용비율 (시행력 부칙 제10조) ※ 재직기간 × 연도별 연금지급율 중 1% 초과분

먼저, 3기간부터는 공무원연금도 소득 재분배 역할을 해야 한다며 '개인 기준'이 아닌 '공무원 전체 평균'도 계산에 넣기 시작합니다. 그렇게 해서 '소득재분배 평균기준소득월액'이라는 용어가 등장하

는데요.

공무원이라는 큰 분류에 묶여 있긴 하지만 공무원 중에서도 높은 연봉을 받는 사람들이 있어 개인 기준소득월액만 가지고 연금액을 산정하면 수령액 차이가 많이 나니 연금을 계산할 때 사용하는 소득 기준월액의 일부는 공무원 전체 평균을 기준으로 가중치를 부여하고 일부는 그대로 개인소득을 기준으로 계산하도록 바뀐 겁니다. 평균에 가까운 사람은 그대로 소득을 인정해주고 평균보다 많은 사람은 적게 인정해주고 평균보다 적은 사람은 많이 인정해주는 식으로요.

다음으로 재직기간별 적용 비율은 연차에 따라 다르긴 한데 정년 가까이 근무를 하면 100%가 넘어가므로 그냥 보수적으로 잡고 100%로 계산합니다. 이제부터 예상 수령액을 차근차근 계산하며 구해보겠습니다.

먼저, 계산식에 등장하는 소득재분배 평균기준소득월액을 구하기 위해 개인 평균기준소득월액 / 퇴직 전 3년간 공무원 전체 평균기준소득월액의 값을 구해줘야 하는데요. 분모인 공무원 전체 평균기준소득월액은 2024년 기준으로 560만 원입니다.

다음은 분자인 개인 평균기준소득월액을 구해줘야겠죠? 이건 앞에서 말씀드렸던 대로 퇴직 전 3년이 아닌 수십 년간 교사 일을 하면서 받은 소득월액의 평균을 구해줘야 하는데 사실 이 값은 정확히 구할 수가 없습니다. 앞으로 20~30년간 봉급 인상이 어떻게 될지 모르기 때문입니다. 그러니 물가상승률이 적당히 반영되며 급여가 오를 것이라고 가정하고 현재의 호봉표와 수당을 기준으로 계산을 해보겠습니다.

이 평균기준소득월액에는 본봉, 매달 받는 수당(급식비 제외), 성과급, 정근수당, 명절수당을 12로 나눈 값이 들어간다고 보시면 됩니다.

25년도 9호봉 신규 교사, 담임, 성과급 A를 기준으로 보면 본봉 약 230만 원 + 교직수당·담임수당·시간외 정액분 합 약 60만 원, 명절수당 + 성과급 약 720만 원(12개월 나누면 월 60만 원)으로 약 350만 원 정도의 평균기준소득월액이 나오게 되며 연금 납입을 풀로 채운 36년 차 기준, 담임 + 배우자만 있는 상황을 가정해보면 평균기준소득월액은 850만 원 정도로 보면 되는데요.

옛날 같았으면 이 850만 원이 개인소득월액이 되는 것이었으니 이걸 기준으로 하면 연금 수령액이 상당히 많아집니다. 하지만 지금은 전체 근무기간 평균을 내야 합니다. 급여가 끝없이 오르는 호봉제 특성상 근무기간이 길수록 전체 평균 급여가 높아지고 짧을수록 전체 근무기간의 평균 급여도 낮아지기에 퇴직이 빨라질수록 연금 수령액도 크게 줄어드는데요. 정년을 채우지 않는 분들께는 이게 치명적입니다.

예를 들어 설명을 해보면, 신규 때 월급이 200만 원, 퇴직 3년 전의 평균 월급이 400만 원인 상황을 볼 때 2010년 이전에는 퇴직 3년 전 평균인 400만 원을 기준으로 연금 수령액을 계산했지만 2010년 이후에는 전체 기간 평균인 300만 원을 기준으로 연금 수령액을 계산하게 됐다는 겁니다. 단순 계산으로도 25%가 날아가는 수치입니다. 물론 각종 수당이 오르고 임금이 오른 상황이라 정확히 25%가 날아갔다고 하기엔 무리가 있지만 이전과 달라진 기준으로 인해 예상 수령액이 크게 줄어드는 것은 사실입니다. 그러니 지금은 전체 재직기간 평균 월소득을 높이기 위해 최대한 오래 근무하는 것이 좋습니다.

물가상승률에 대한 고려 없이 임금이 일정하게 오른다고 단순하게 계산해서 교사의 생애 평균기준소득월액을 600만 원 정도로 보고 계산을 이어가겠습니다. 사실 2년 차부터 정근수당이 포함되기 시작하여 평균기준소득월액은 600만 원보다 높게 나오게 되지만 어차피 정확할 수 없으니 보수적으로 단순히 계산하기 위함입니다.

유튜브, 블로그에도 연금 예상 수령액을 계산해주시는 분들이 꽤 많지만 애초에 물가상승률과 임금상승률의 괴리를 예측할 수 없으니 어떤 수치도 정확할 수는 없습니다. 그냥 '이런 느낌이구나' 하고 봐주시면 됩니다.

개인평균기준소득월액(600만 원) / 전체공무원평균기준소득월액(560만 원)을 계산해보면 1.07 정도의 수치가 나오게 됩니다. 이 값을 가지고 어느 정도를 소득으로 인정해줄 것이냐를 계산할 수 있는데요.

다음 표에 제시된 비율을 적용하여 보정을 해줘야 합니다. 교사는 공무원 전체 평균보다 조금 높은 수준이라 이대로 유지된다면 소득재분배 영향을 받지 않는데요. 개인평균기준소득월액인 600만 원에 1.0 이상 1.1 미만 구간에 해당하는 100%를 곱해주면 소득재분배 개인평균기준소득월액도 약 600만 원이 나오게 됩니다.

퇴직 전 3년 간 전체공무원 기준소득월액 평균액(법률 제13387호 공무원연금법 일부개정 법률 제27조제2항제1호의 금액) 대비 평균기준소득월액 비율 구간	적용 비율(%)
0.3 미만	300
0.3 이상 0.4 미만	216.67
0.4 이상 0.5 미만	175
0.5 이상 0.6 미만	150
0.6 이상 0.7 미만	133.33
0.7 이상 0.8 미만	121.43
0.8 이상 0.9 미만	112.5
0.9 이상 1.0 미만	105.56
1.0 이상 1.1 미만	100
1.1 이상 1.2 미만	95.45
1.2 이상 1.3 미만	91.67
1.3 이상 1.4 미만	88.46
1.4 이상 1.5 미만	85.71
1.5 이상 1.6 미만	83.33
1.6 이상	81.25

출처: 공무원연금법[시행 2025.11.15.] 부칙 제13조

이제까지 제시된 용어들과 계산식을 바탕으로 계산을 계속해보겠습니다. 예전에 2.5%였던 지급률은 현 시점 기준 1.7%까지 떨어진 상황인데요. 이걸 바탕으로 계산을 해줘야 합니다.

앞에서 보여드렸던 3기간 계산식을 기준으로 하면 재직기간 30년까지는 소득재분배 평균소득월액에 지급률 중 1%를 곱한 금액 + 개인소득월액에 지급률 중 1%를 초과한 비율, 즉 0.7%를 곱한 금액을 더해주면 연금 수령액이 나오게 되고 31년부터 36년까지는 개인소득월액에 1.7%를 곱한 금액이 그대로 연금 수령액으로 인정됩니다.

간단하게 요약해보자면, 2016년 이후 일을 시작한 교사가 36년간

연금을 납입한 뒤 퇴직을 하게 된다면 받게 되는 연금액을 계산하는
식은 다음과 같습니다.

소득재분배 평균소득월액 × 30%(처음 30년) + 개인소득월액 × 21%(처음

30년) + 개인소득월액 × 10.2%(마지막 6년)

= 소득재분배 평균소득월액 × 30% + 개인소득월액 × 31.2%

앞서 말씀드렸던 소득재분배 평균소득월액은 2024년 기준 600만
원 정도이니 30%를 계산해보면 180만 원 정도가 나옵니다. 여기다가
개인소득월액에 31.2%를 곱한 금액을 더해주면 됩니다.

어차피 위에서 본 대로 개인소득월액도 600만 원이라는 수치가 나
오니 여기에 31.2%를 곱한 187만 2천 원을 앞의 180만 원에 더해주
면 36년간 근무한 교사의 예상 연금 수령액은 367만 2천 원이 됩니다.

개인소득월액은 상한액이 있긴 하지만 2024년 기준 900만 원 정도
라 교사는 상한에 걸릴 걱정도 없어 계산이 간단합니다.

그런데 평균기준소득월액을 계산할 때 단순히 초임교사 기준인
350만 원과 36년 차 기준인 850만 원을 더해 2로 나누는 방식이 아닌
정근수당 지급분을 계산해보면 평균기준소득월액이 늘어나고 36년
을 초과해서 근무를 한다면 또 급여가 올라 평균기준소득월액이 늘
어날 테니 40년 정도 근무를 하면 400만 원 가까운 금액을 받을 수 있
다는 계산을 해볼 수도 있습니다. 그러니 위 수치는 실제보다 적은 값
이 나왔다고 봐주시면 되겠습니다.

예상 연금 수령액이 10년당 70만 원이라고 하긴 했지만 그건 1~20년 채우고 나갔을 때 이야기고 연금 계산에 '평균기준소득월액'이 들어가는 이상 호봉을 계속 쌓으면 금액도 꽤나 늘어나는 효과가 나옵니다. 생각했던 것보다는 꽤 괜찮은 금액이죠?

심지어 이는 '현재가치' 기준이고 물가상승률까지 반영되니 실제로는 더 올라가겠죠? 결국 공무원연금 수령액은 그때도 3~400만 원, 얼마 전에도 3~400만 원, 지금도 3~400만 원 수준이라는 이야기가 됩니다. 원화 기준으로 보면 똑같습니다.

다만 수십 년간 지나오며 하락한 화폐가치, 물가상승률이 반영됨에 따라 10년 전에 3~400만 원을 받던 분들은 지금 그보다 더 받는다는 점은 고려를 할 필요가 있겠죠.

어쨌건 정년퇴직을 해도 연금액이 150만 원대라느니 하는 소리는 하실 필요가 없습니다. 여전히 정년퇴직 시 현재가치로 3~400만 원에 달하는 연금을 받으실 수가 있으니까요. 칼질을 더 당할 걸 고려해도 보수적으로 300만 원 이상은 나온다는 계산을 해볼 수 있습니다.

이 계산식이 조정된다면

다만 위 식은 지급률이 1.7%에서 멈추고 추가적인 개혁(소득재분배율 증가, 평균기준소득월액 기준 변경 등)이 없다고 가정했을 때의 이야기입니다. 그리고 임금 인상은 예측할 수 없기 때문에 단순히 현재 기준으로 계산한 값이라 2~30년 뒤 실제 값과는 오차가 있습니다. 지금까지의 상황을 보았을 때 공무원연금을 길게 유지하기 위해서는 지급률을 또 낮출 가능성이 꽤 높습니다. 그럼 그 개혁의 대상이 되는 기간부터는 또 바뀐 지급률로 계산을 해주셔야 합니다.

또한 소득재분배 요구가 커지며 개인의 연금 수령액 기준이 본인 소득 50%, 평균 소득 50%에서 본인 소득 20%, 평균 소득 80%와 같은 방식으로 바뀔 수도 있겠죠? 교사는 공무원 평균 소득보다 높은 소득을 올리고 있기 때문에 소득재분배율이 올라갈수록 연금 수령액은 줄어듭니다.

아무리 그렇다고는 해도 '공무원연금이 아예 망해버린다'는 시나리오가 나와버리면 어쩔 수 없지만, 유지만 된다면 돈은 괜찮게 나오는 편이니 노후 대비는 어느 정도 안심하셔도 됩니다. 인구 구조가 바뀌고 사람들이 더 죽지 않게 되면서 연금이 고갈되어 '받지 못할' 것을 걱정해야지, 연금액이 줄어들어서 100만 원만 받는다는 걱정은 아직까지는 하실 필요는 없습니다.

2단계:
연 600만 원 연금저축하기

월 300만 원, 현재를 생각해보면 살아있기엔 충분한 금액입니다. 하지만 '여유로운 노후'라고 부를 만한 수준은 절대 될 수가 없습니다. 적당한 수도권 외곽 아파트에 살며, 적당히 탈 만한 차 한 대를 굴리고, 적당히 먹고 싶은 것 먹고 살 수 있는 정도에 불과한 금액이니까요. 이조차도 나이가 들며 병원비가 많이 나간다면 생활에 어려움이 생길 수 있는 금액입니다.

'여유로운 노후'라고 하면, 넓고 깔끔한 집에 살며, 차는 여전히 적당한 것을 굴리더라도 먹고 싶은 건 그냥 먹고, 여행을 가고 싶으면 그냥 가고, 몸이 아파서 병원에 갈 일이 생겨도 돈 걱정은 없는 정도는 되어야 합니다. 평생을 아끼고, 모으며 일하고 살았는데, 나이가 들어서도 돈이 부족해서 마음에 안 드는 집에 살고, 먹고 싶은 게 있어도 돈 때문에 참고, 아픈 것도 서러운데 병원비 부담까지 느끼고 산다면 그건 '여유'라고 할 수가 없습니다. 이러자면, 현재 가치로 월 500만 원 정도는 나와줘야 어느 정도 여유롭다고 말해볼 수가 있을 텐데요. 안타깝게도, 공무원연금만으로 여유로운 삶을 사는 것은 상당한 어려움이 따르는 일입니다. 그렇기에, 추가적인 수단들을 준비해둘 필요가 있습니다. 대표적인 것이 연금저축입니다.

연금저축에 대해 자세히 말씀드리기 전에, 먼저 우리나라의 연금제도에 대해 간단하게 설명을 하고 넘어가도록 하겠습니다.

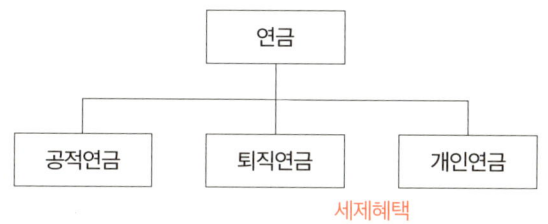

한국의 연금은 많은 국가들과 비슷하게 3중으로 준비하는 구조를 추구합니다. 하나씩 보자면, 공적연금은 나라에서 운영하는 연금으로, 국민연금에 해당합니다. 직장인이라면 강제로 가입을 시켜서 연금을 가져가고, 굴린 뒤에 노후에 돌려주는 방식인데요. 걷어가는 금액이 적다는 특성으로 인해 실제로 나중에 받는 금액 역시 최저생계비도 되지 않을 정도입니다. 가장 적은 금액으로 그저 '살아만' 있을 정도의 돈을 주다 보니, 공적연금에만 의존하면 여유로운 노후라는 건 환상 속에서나 존재한다고 보시면 됩니다.

그래서, 여기에 하나의 안전망을 추가로 마련합니다. 예전에 기업체 다니시던 분들이 일을 그만둘 때 퇴직금을 받아 치킨집을 했다느니, 목돈을 받아 사기를 당해 날렸다느니 하는 뉴스가 많이 나오던 시절이 있었는데요. 그래서 요즘은 목돈인 퇴직금이 아닌 퇴직연금의 형태로 수급을 하도록 대비하는 것이 가능합니다. 기업체별로 퇴직연금이 준비되어 있기도 하고, IRP라고 알려진 퇴직연금 상품으로 대비를 할 수도 있습니다. 공적연금만으로는 채울 수 없는 추가적인 수입을 만들어 어느 정도의 품위를 지키는 생활이 가능한 수준을 만들어주는, 두 번째 안전망이라고 보시면 됩니다.

이쯤에서 공무원연금을 생각해보면, 나라에서 운영함과 동시에, 저희에게는 퇴직연금의 성격도 가지고 있는 연금이라고 보실 수 있는데요. 그렇다 보니, 위에서 말씀드린 대로 '어느 정도의 품위를' 지키는 정도의 생활은 가능한 금액이 나오게 됩니다. 40년 근무 후 정년 퇴직 시 월 300만 원 정도라고 말씀을 드렸었죠?

하지만 이 정도 금액만으로는 의료비 지출 등으로 인해 늘어날 소비를 감당하기는 힘들고, 다른 부분이 대비되어 있지 않다면 '여유로운 노후' 같은 건 먼 나라 이야기입니다. 그래도 월 500만 원 정도는 나와야 '여유로운 노후'라고 할 수가 있으니까요.

게다가 공무원연금에 있어 문제는 연금 수령액만 있는 것이 아닙니다. 많은 사람이 걱정하는 것처럼 가장 큰 문제는 '연금제도의 지속 가능성'에 있습니다. 보수적으로 잡아도 월 300만 원, 부부교사의 경우 월 600만 원 이상을 수령할 수 있는 공무원연금은 결코 적은 금액이라고 할 수 없습니다. 600만 원은 어지간한 직장인이 일해서 버는 돈보다도 많은 금액이니까요. 하지만 그 금액을 죽을 때까지 안정적으로 받을 수 있는가 하는 것은 또 다른 문제입니다. 여기서 생각해볼 부분이 세 가지 정도 있는데요.

첫째는 연금제도 자체의 존속 가능 여부입니다. 아시다시피 출산율은 바닥을 치고 있으며 의료 기술이 발달하며 수명은 늘어나고 있습니다. 농촌·지방을 중심으로 외국인들이 들어오며 어느 정도 마을이 유지되고 있고 인구 수의 급격한 감소도 일어나지 않고 있으며 인공지능의 발달로 생산성이 크게 향상될 것은 분명한 사실이지만, 전통적인 인구 피라미드가 무너지고 젊은 세대가 사라지며 연금을 수급하는 세대만 계속 늘어나게 될 경우 공무원연금제도가 존속할 수 있는가는 상당히 중요한 문제입니다. 대부분의 사람이 연금 고갈을 걱정하고 있는 만큼 마냥 '잘 나오겠지' 하며 안심하고 있어도 되는 문제는 아니라는 뜻입니다.

둘째는 연금 수령액의 현재 가치가 지속 가능한지에 대한 부분입니다. 말씀드렸듯 연금 수령액은 물가상승률에 맞춰 상승하도록 설계되어 있습니다. 연금 개혁이 필요한 시기가 오면 특정 정권에서 욕을 먹을 각오를 하고서라도 물가상승률을 반영하지 않는 경우도 있지만 대부분의 경우는 물가상승률만큼 연금 수령액도 늘어나고 있습니다. 하지만 연금에 적용되는 물가상승률은 실제 체감 물가와는 괴리가 있습니다. 당연히 연금에 적용되는 물가상승률은 '안정적인 물가상승'이라는 신호를 보내기 위해 통계상 조정을 거친 수치이기에 실제 체감 물가는 더 가파르게 올라갑니다. 1~2년, 5~10년 정도는 이 괴리가 크게 다가오지 않을 수 있지만 20~30년이 쌓이면 아무리 물가상승률이 반영된다고 해도 실제 구매력은 낮아질 가능성이 높습니다. 이 기간이 길어지면 길어질수록 '현재 가치' 유지는 점점 힘들어지게 될 겁니다.

셋째는 여론입니다. 공무원연금은 국가에서 운영하는 제도이며 매년 발생하고 있는 적자를 세금으로 메우는 상황입니다. 최근 복지 지출이 크게 늘어나 생계급여가 국민연금을 추월하는 현상까지 생기고 있는데요. 열심히 일해서 낸 돈으로 쌓아둔 연금이, 아무 일도 하지 않는 사람들에게 주는 생계급여보다 적다는 이유로 많은 불만이 나오고 있는 상황입니다. 하지만 이건 '국민연금'에 해당하는 이야기입니다.

공무원연금은 국민연금보다 많은 금액을 납부하고 오랜 기간 납부하기에 받는 금액 역시 국민연금에 비해 많은 편인데요. 정치적인 관점에서 볼 때 국가의 인구가 줄어들며 세금이 늘어나고 국민들의 평균적인 생활 수준이 낮아지고 가난해지게 된다면 '가만히 앉아서 월 300만 원씩 받는 은퇴 공무원'은 공격하기 아주 좋은 대상이 됩니다. 이미지만 봐도 그런데 공무원연금이 고갈되며 세금으로 보전하는 금액이 많아진다면 더더욱 공무원연금은 공격의 대상이 될 수밖에 없습니다. 지금까지는 연금 수령액이 확정된 상황에서 정책을 바꿔 금액을 줄이거나 하는 일은 없었지만 인구와 함께 생산성이 감소하고 기금이 고갈되며 나라 살림이 어려워지게 된다면 기존에 받던 연금이 줄어드는 시나리오 역시 절대 일어나지 않을 일이라고 할 수는 없습니다.

이런 상황들을 걱정한다면 연금이 망가지기 전에 일시금으로 받아 개인적으로 투자를 하며 수익을 내는 방법을 활용해볼 수 있는데요. 사실 공무원연금만큼 든든하게 안정적인 수입을 내주는 자산은 흔치 않기에 일시금으로 받아 굴린다고 해서 연금처럼 꾸준히 적당한 금액을 뽑아내는 건 꽤나 어려운 일입니다. 안정성까지 고려한다면 연금으로 받을 때의 예상 수급액보다 조금 적은 금액을 뽑아낼 수 있다고 보수적으로 생각하는 것이 맞습니다.

공무원연금이 잘 유지되더라도 노후를 생각하면 공무원연금만으로는 모자랄 가능성이 높고 고갈되고 사라진다면 노후 자체가 망가지게 되며 사라지지는 않고 계속 칼질을 당하면 사는 것이 팍팍해지고, 그걸 걱정하며 일시금으로 받아 굴리게 되면 안정성이나 수익 측면에서 불리해질 가능성이 높습니다. 그렇기에 공무원연금만을 맹신하기보다는 나의 노후에 부족한 부분을 채워줄 수 있는 무언가를 추가로 준비할 필요가 있습니다.

이걸 채워주기 위해 우리가 활용할 것이 개인연금입니다. 나라에서 들어주는 것도 아니고, 직장에서 가입하는 것도 아니고, 개인이 자신의 노후를 미리미리 준비하는 상품이라고 보시면 되겠습니다.

그런데, 도박성 투자에 익숙해지신 분들은 '55세에 받아서 뭐함? 그전에 ○○ 종목 사서 10배로 불리면 되는데?'라며 이 개인연금을 무시하시는 경우가 종종 있는데요. 내가 돈을 불릴 능력이 있건 없건, 공무원연금과 개인연금은 안전망을 설치해놓는다는 느낌으로 무조건 채워주시는 것이 좋습니다.

개인연금의 경우 개인이 직접 납입하고, 관리를 해야 한다는 단점이 있지만, 국가 입장에서 보면 개인연금 가입자는 자기 스스로 노후 대비를 하는 기특한 사람입니다. 국가가 사용해야 할 사회적 비용을 줄여줄 사람들이니까요. 이런 기특한 사람들에게는 선물을 주는데요. 바로 개인연금 납입액(600만 원 한도)의 일부(연봉 5,500만 원 초과 시 13.2%, 5,500만 원 이하 16.5%)를 연말정산 때 납부할 세금에서 빼주는 '세액공제' 혜택을 제공합니다.

연말정산에 관해 간단히 이야기하며, 좀 더 자세히 설명드리겠습니다. 우리는 1년간 벌어들인 돈 중 일부를 소득세로 내야 합니다. 사업자, 투자자들은 매년 5월에 1년간 벌어들인 돈에 대한 소득 신고를 하고, 세금을 한 번에 내는데요. 이 사람들은 내야 할 세금 액수가 한 번에 계산되어 나오게 됩니다. 1년간의 소득, 소비, 공제, 기부 등을 다 처리하기 때문입니다.

하지만 교사는 12개월간 월급을 받고, 세금도 12개월간 납부를 하게 됩니다. 어떻게 보면, 세금을 '미리' 내는 거라고 할 수 있습니다. 1년간 정확히 얼마의 세금을 내야 할지 정해지지도 않은 상황에서 매달 일정 금액을 내니까요. 그래서 연말정산이 필요합니다.

1년간 일정 금액의 세금을 미리 내고, 그간의 소비 패턴, 공제 항목 등을 전부 고려해서 그 해에 내야 할 세금을 정확히 계산하고, 그간 낸 세금보다 내야 할 세금이 많으면 징수를, 적으면 환급을 해주기 위함입니다.

세금내역서를 한번 보시면, 저는 이 해에
월 26만 원씩 총 312만 원의 세금을 1년간
납부했습니다. 이런저런 내용들을 고려했을
때 제가 내야 할 세금이 312만 원보다 적었

세금내역	
소득세	236,010
지방소득세	23,600
세금총액	259,610

다면 그 차액을 312만 원 한도에서 돌려받을 수 있고, 312만 원보다
많았다면 그 차액을 징수당해야 하는 겁니다.

저는 이 해에 300만 원이 조금 넘는 세액을 환급받았습니다. 내야
할 세금이 거의 0원이 된 건데요. 물론 혼인신고, 주택담보대출, 출산,
가족공제 등으로 인해 내야 할 세금이 줄어들었던 상황이지만, 아주
큰 역할을 해줬던 것이 바로 '연금저축'입니다.

위에서 말씀드렸던 바와 같이, 개인연금에 속하는 연금저축은 연
간 납입액 600만 원까지, 소득에 따라 납입액의 13.2% 혹은 16.5%를
'내야 할 세금'에서 빼줍니다. 600만 원을 채웠다고 하면 소득이 5,500
만 원을 초과하는 사람은 79만 2천 원, 그렇지 않은 사람은 99만 원을
세금에서 공제해준다는 뜻입니다. 쉽게 생각하면, 1년 만기, 한도 600
만 원, 연 10%가 넘는 이자를 이자소득세도 없이 확정적으로 지급해
주는 예금상품이라고 보시면 되겠습니다.

600만 원 한도, 최소 13.2%에서 최대 16.5%에 해당하는 수익률을
매년 낼 수 있다는 것 하나만으로도 연금저축 600만 원은 최우선적
으로 챙겨야 하는 항목입니다. 이런 부분에서 착안하여, '그럼 16.5%
수익 내고 원금만 빼면 되겠네?'라고 하실 수 있지만, 그건 안 됩니다.

노후 대비를 하는 사람들에게 주는 인센티브 개념의 세금 환급이기 때문에, 환급 혜택을 받은 후 해지를 해버리면 환급받은 세액을 다시 납부해야 합니다. 그냥 여유로운 노후를 위해 계속 넣는다고 생각해 주시면 됩니다.

이쯤에서, 제가 연금저축에 관해 자주 받던 질문들에 대한 답변을 정리하고 넘어가겠습니다.

Q1 제가 조만간 목돈이 필요해질 것 같은데, 어차피 세액 환급분 다 내야 하면 연금저축 가입 안 하는 게 낫지 않나요? 귀찮잖아요.

A1 목돈이 필요한 상황이 진짜 생길 수도 있고, 생기지 않을 수도 있습니다만, 어떤 경우가 되었건 연금저축을 하는 것이 유리합니다.

목돈이 필요해 인출을 해야 하는 경우, 그간 받았던 환급 혜택만 반납을 하면 추가적인 패널티는 없습니다. 그렇게 생각해보면, 그 환급액만큼의 금액을 국가로부터 일정 기간 동안 '무이자 대출'을 받아 활용했던 거라고 생각하시면 되고, 얼마 되지 않겠지만 그 이자만큼의 이득은 보실 수가 있습니다.

계획이 바뀌어 인출을 하지 않을 경우, 그간 받은 세액공제 혜택이 쌓이게 됩니다. 만약 인출을 해야겠다는 생각으로 넣지 않았다가, 나중에 인출을 하지 않게 되는 상황이 오면 그간 받을 수 있었던 세액공제는 통으로 날아갑니다.

Q2 대출 원금 먼저 갚을까요? 연금저축 먼저 채울까요?

A2 대출이자는 어디 으슥한 컨테이너에서 연이자 24%짜리 대출을 받으신 게 아닌 이상, 연금저축으로 인해 받는 세금 환급 혜택인 최소 13.2%를 넘는 것도 힘듭니다. 원금을 갚아봐야 이자가 조금 줄어드는 수준인데, 연금저축으로 세금 환급을 받으면 그 돈으로 이자를 갚고도 그 이상이 남는 상황을 보실 수 있습니다. 그러니, 세액공제 한도인 600만 원을 채우지 못했다면 무조건 600만 원을 먼저 채워주셔야 합니다.

이렇게 말씀드린 13.2%, 16.5%도 꽤나 대단한 수준이지만, 여기서 끝나지 않습니다. 사실 30년 동안 연 600만 원씩 넣어봤자 1억 8천만 원이고, 매년 80만 원씩 이자 환급을 받아서 2,400만 원이 더해진다고 해봤자, 이걸 남은 인생 동안 쓰기에는 턱없이 부족하니까요. 그렇기 때문에, 연금은 그냥 두는 게 아니라 이런저런 상품에 '투자'를 하게 됩니다.

Q3 연금저축보험이 좋은가요, 연금저축펀드가 좋은가요?

A3 연금저축이라는 이름이 붙은 상품은 두 가지입니다. 하나는 '연금저축보험', 하나는 '연금저축펀드'인데요. 이 책을 읽으셨다면, 선생님들께서 가입하셔야 하는 연금저축 상품은 연금저축펀드입니다. 그 이유를 설명드리겠습니다.

먼저 연금저축보험입니다. 기본적으로 '보험' 상품이기 때문에, 연 600만 원 한도를 채우려면 매월 50만 원을 꾸준히 납입해야 합니다. 언제는 안 내고, 언제는 100만 원을 내는 식으로 운영할 수 없다는 뜻입니다.

다음으로, 기대수익률이 연 3% 선으로 낮은 편입니다. 안정적으로 지급을 보장하는 대신, 낮은 수익률이 나오는 겁니다.

다음으로, 가장 큰 부분입니다. 연금저축보험은 '사업비'라는 항목이 존재합니다. 연 3% 수준의 이자를 받을 수 있지만, 사업비 비중이 꽤 크기 때문에 실제로는 연 수익률이 3%에도 미치지 못한다고 보시면 됩니다. 심지어, 납입 초기에는 이 사업비로 인해 출금 시 원금조차도 보장받지 못하는 경우도 있습니다.

원금 보장 상품이지만, 납입 초기에는 높은 사업비로 인해 원금조차 건지지 못하고, 원하는 때 납입할 수 없이 매월 고정된 금액을 납입해야 하며, 수익률도 낮은 편이다 보니 30년간 투자하더라도 그 수익은 물가상승률조차 이기기 힘든 수준이 됩니다. 30년 동안 매년 600만 원씩 넣으면, 연 2~3% 이자를 받아 2억 중후반대의 자산을 쌓게 되는 겁니다.

앞부분을 다 읽어보셨다면, 인플레이션에 대해 아셨을 테니, 이 돈이 거의 원금이나 다름없는 수준의 구매력을 보인다는 것도 어느 정도 짐작이 가실 겁니다. 그럼 노후 대비는 당연히 제대로 되기가 힘들겠죠?

실제로 25세부터 연 600만 원씩 연금저축보험에 납입을 하고, 2~3% 이자를 받아 연금 개시 가능 시기인 55세, 즉 30년 뒤에 3억이라는 자산이 쌓였을 경우, 이 돈을 30년간 나눠 받겠다고 하면 매년 1,000만 원씩을 추가로 수령할 수 있습니다. 하지만, 물가상승률이 반영되어 '현재 가치'로 월 300만 원을 받을 수 있는 공무원연금과 달리, 연금저축은 물가상승률 반영 없이 본인이 낸 수익만을 계산하기에 금액은 연 1,000만 원, 월 83만 원에 그칩니다. 여기다가 30년간의 물가상승률을 계산해보면, 현재 가치로 3~40만 원 정도밖에 돌려받질 못하는 겁니다.

노후 대비를 위한 투자는 물가상승률을 이겨야 하고, 안정적이어야 합니다. 하지만, 연금저축보험으로는 절대 이런 결과를 낼 수가 없습니다. 안정적이지만, 물가상승률을 이기지 못하니까요. 그래서 연금저축펀드를 활용해야 합니다.

연금저축펀드는 연금저축보험이 가진 단점들이 대부분 해결된 상품입니다. 우선 1년 중 어느 시기에, 어떻게든 600만 원을 채우기만 하면 됩니다. 1월에 다 내도 되고, 매월 50만 원씩 내도 되고, 1월에 200만 원, 2월에 50만 원, 12월에 350만 원, 이런 식으로 내도 됩니다. 보험상품이 아니고 개인적으로 준비하는 펀드상품이기에 납입 방법 및 금액이 아주 자유롭습니다.

또한 어떤 펀드에 투자하느냐에 따라 다르지만, 지난 수십 년간의 데이터를 바탕으로 봤을 때 보수적으로 연 7~10%에 달하는 수익률이 나오는 펀드에 투자하는 것이 가능합니다. 자세한 내용은 밑에서 설명드리도록 하겠습니다.

마지막으로, 사업비가 따로 없고, 펀드 운용 수수료 정도만 들어가기 때문에 비용도 적게 들어간다는 장점이 있습니다. 표로 두 상품을 비교해보면 이렇습니다.

구분	연금저축보험	연금저축펀드
세액공제	가능	가능
납입형태	매월 일정 금액	자유
기대 수익률	연 2-3%	연 7-10%
수수료, 비용	상대적으로 높음.	상대적으로 낮음.

Q4 펀드는 불안하지 않나요?

A4 어떤 면에서 보나 연금저축보험보다 연금저축펀드가 유리한 상황이지만, 개인연금을 '펀드'로 드는 데는 하나의 걸림돌이 존재합니다. 바로 '원금 보장'이 되지 않는다는 점입니다. 그래서 낮은 수익률에도 불구하고 보험을 선택하시는 분들이 꽤 많은 편인데요. 이 부분은 생각보다 쉽게 해결됩니다.

연금저축펀드로 투자한 상품이, 내가 연금을 받는 시기에 플러스(+) 수익률이 나오기만 하면 되니까요. 이러려면 어떻게 하면 되느냐? 그냥 매년 600만 원씩 담으면 20~30년 뒤에는 무조건 올라있을 확률이 높은 자산을 꾸준히 모아가기만 하면 됩니다. 당연히 예측하기가 어려우실 텐데요. 어느 나라가 발전할지, 어느 분야가 돈을 많이 벌지를 정확히 예측할 수 있다면 좋겠지만, 그렇지 않다면 사야 할 상품은 정해져 있습니다. 바로 S&P500과 나스닥100 지수를 따라가는 상품들입니다.

공부를 조금 해보신 분들이라면 S&P500과 나스닥100에 대해 어느 정도 알고 계시겠지만, 처음 보시는 분들을 위해 설명을 하고 넘어가겠습니다. 기본은 이렇습니다.

영원히 잘나가는 회사가 있냐고 하면, 그건 아무도 확신하지 못할 겁니다. 하지만 세계에서 가장 강하고 부유한 나라에서 제일 잘 나가는 회사를 1등부터 500등까지 매년 새로 뽑았을 때, 그 500개 회사가 버는 돈은 계속 늘어날까? 라는 질문을 해본다면 그럴 가능성이 상당히 높다고 답할 수 있을 겁니다.

세계에서 가장 부유한 나라는 미국입니다. 그 미국에서 500등 안에 드는 대기업들은 지금도 앞으로도 돈을 잘 벌어들일 예정입니다. 심지어 매년 500등 안에 드는 기업들로만 포트폴리오를 새로 구성한다면 도태되는 회사는 사라지고 떠오르는 회사, 언제나 강한 회사들만 남게 되는데요. 이렇게 다양한 분야에서 선정한 미국 내 탑 500개 대기업들의 주가를 따라가는 지수가 바로 S&P500 지수이며, 연금저축펀드에서는 이 지수와 같은 움직임이 나오도록 투자하는 펀드에 투자하는 게 가능합니다.

S&P500 지수의 경우, 반 세기가 넘는 시간 동안 연평균 11%에 달하는 수익률을 보여 왔습니다. 전쟁이 나도, 금융위기가 와도, 아무리 최악의 시기에 이 지수에 투자를 했더라도 최대 7년 6개월이 지나면 무조건 원금 이상의 성과를 내며 연평균 11% 수익률을 보여왔는데요. 20~30년을 보고 투자한다면, 중간에 무슨 일이 있더라도 연평균 7~10% 수익은 나오게 될 확률이 상당히

높다는 뜻입니다. 지금까지 그래왔다고 앞으로도 반드시 그러리라는 법은 없지만, 50년이 넘게 유지되어온 상승세가 앞으로 50년을 더 갈 가능성이, 그동안 그렇게 상승하지 못했던 신흥 자산이 갑자기 앞으로의 50년을 주도할 가능성보다는 적습니다.

코카, 펩시콜라 대신 ○○콜라를 먹고, 마이크로소프트, 애플, 엔비디아를 대신할 만한 다른 회사들이 계속 나올 가능성 자체가 적은 데다가, 그렇게 다른 회사들이 나온다고 하면 S&P500 지수에 포함된 종목들도 계속 변화하기 때문에, 이런 상승률이 유지될 거라고 보는 게 현 시점에서는 가장 합리적입니다.

다음으로 **나스닥 100 지수**입니다. 나스닥은 미국에서 가장 큰 증권거래소이며, 나스닥 100은 그 안에서 가장 덩치가 큰 100개 종목을 뽑아 만든 지수라고 생각하시면 됩니다. 미국 내 IT, 빅테크 관련 기업들이 포함된 지수로, 연평균 상승률은 14% 수준입니다. S&P500보다 높은 상승률을 보여왔으며, 변동폭 또한 큽니다.

그런데 요즘처럼 코인으로 일주일 만에 두 배를 벌었네, 테슬라, 엔비디아로 몇 배를 벌었네 하는 시대에 연 11%, 14%는 우스워 보일 수 있는 수익률입니다. 하지만 이걸 '꾸준히' 내준다는 게 매우 중요한 부분입니다. 운이 좋아 몇 배를 불리는 것보다, 수십 년간 쌓아가는 게 일반인에게는 훨씬 유리한 투자법입니다.

앞에서 연금저축보험에 연간 600만 원씩 30년을 투자하면 3억에 조금 못 미치는 금액을 모을 수 있다는 말씀을 드렸는데요. 이

600만 원을 대신 연금저축펀드에 넣고, 각각 300만 원씩 S&P500 과 나스닥100에 투자한다면 어떻게 될까요? 시뮬레이션을 돌려 보면 이렇습니다.

30년 투자 시뮬레이션 (연 10.5% 수익률 가정)

연차	총 납입금액	예상 평가액	연간 수익금
1	600만 원	663만 원	63만 원
2	1,200만 원	1,396만 원	196만 원
3	1,800만 원	2,207만 원	407만 원
5	3,000만 원	4,094만 원	10,94만 원
10	6,000만 원	1억 55만 원	4,055만 원
15	9,000만 원	1억 8,562만 원	9,562만 원
20	1억 2,000만 원	3억 1,252만 원	1억 9,252만 원
25	1억 5,000만 원	5억 95만 원	3억 5,095만 원
30	1억 8,000만 원	7억 8,954만 원	6억 954만 원

펀드별 예상 성과 (30년 후)

펀드	총 납입금액	예상 평가액	연평균 수익률
S&P 500	9,000만 원	3억 2,800만 원	9%
나스닥 100	9,000만 원	4억 6,154원	12%
합계	1억 8,000만 원	7억 8,954만 원	10.5%

S&P500에 투자한 연 300만 원, 30년간 9천만 원은 연평균 9% 수익을 내며 예상 평가액은 3억 2,800만 원이 되고, 나스닥 100 에 투자한 9천만 원은 연평균 12% 수익을 내며 4억 6,154만 원 이 됩니다.

둘을 합치면 연평균 수익률은 10.5%, 자산은 7억 9천만 원 정도가 나오게 됩니다. 연금저축보험이 만들어주는 3억과 비교하면 2배 이상 차이가 나는 금액입니다. 하지만 여기서 끝나는 게 아닙니다. 연금저축보험은 연 3% 수준의 수익률을 보이기에, 3억을 30년에 나눠서 연 1,000만 원씩 받고, 이자 3%를 받으면 원금이 유지되는 수준입니다.

하지만 7억 9천만 원이 된 연금저축펀드는 그 시점에서도 연평균 10.5%에 달하는 수익을 내줄 테고, 매년 7~8천만 원씩 자산가치 상승이 일어나게 됩니다. 물론 연평균 수익률이고, 연금을 수급하는 도중에 자산가치가 하락하는 경우도 있지만, 평균적으로 그렇다는 이야기입니다. 이론상 이렇게 되면 30년이 아닌 10년 동안 나눠 받기로 선택을 해서 매년 8천만 원씩을 인출해서 쓰더라도, 연 10.5% 수익률 덕에 거의 쓴 만큼의 돈이 리필됩니다. 20년 동안 나눠 받겠다고 하면 연 4천만 원을 받고, 7천만 원 이상이 리필되고, 30년 동안 나눠 받는다면 연 2,600만 원 정도를 받고 7,500만 원 이상이 리필됩니다. 돈이 어느 정도 쌓이면 돈을 써도 오히려 늘어나는 상황이 생긴다는 겁니다.

통상 이 돈을 20년에 나눠서 받는다고 하면, 그 시점에서 매년 4천만 원, 월 330만 원, 현재 가치로 월 150~180만 원에 달하는 돈을 받고도 자산이 계속 늘어나는 걸 경험하실 수 있습니다. 현재 가치로 300만 원에 달하는 공무원연금, 그리고 현재 가치로 200만 원 가까이 되는 연금저축 수급액을 합치면 얼추 500만 원이 나오게 되겠네요. 개인연금 소득이 연간 1,500만 원을 넘어가면 세금 문제가 있긴 하지만, 인플레이션으로 인해 세금제도 개편이 될 가능성이 높고, 이 정도 금액은 세금으로 큰 피해를 볼 정도는 아니기에 자세히 다루지 않도록 하겠습니다.

여기까지만 보시면, 결국 노후에 월 500만 원 수입을 내기 위해 할 일은 단 두 가지입니다. 꾸준히 출근하고, 매년 600만 원씩만 연금저축에 넣어주면 됩니다. 환급액(8~90만 원)을 다시 투자한다고 생각하면, 실제로 내가 넣어야 할 돈은 연 500만 원 수준입니다. 복리 효과를 톡톡히 누리려면, 조금이라도 빨리 시작하시는 게 좋습니다.

심지어 연금 수령을 55세부터 개시했을 때의 이야기이니, 정년 퇴직을 생각하면 아직 일을 하고 있을 나이일 텐데요. 월급을 기본으로 이 돈을 추가로 받을 수도 있지만, 이걸 10년 미뤄서 공무원연금과 함께 65세부터 받기로 선택한다면 어떻게 될까요?

투자 시뮬레이션 (연 10.5% 수익률 가정)

연차	총 납입금액	예상 평가액	연간 수익금
35	1억 8,000만 원	13억 14만 원	11억 2,014만 원
40	1억 8,000만 원	21억 4,453만 원	19억 6,453만 원

펀드별 예상 성과 (40년 후)

펀드	총 납입금액	예상 평가액	연평균 수익률
S&P 500	9,000만 원	8억 3,216만 원	9%
나스닥 100	9,000만 원	13억 1,237원	12%
합계	1억 8,000만 원	21억 4,453만 원	10.5%

10년간 그대로 두기만 해도, 합계 자산은 21억으로 불어납니다. 그리고 이때부터는 20년간 나눠서 받는다고 해도 매년 1억을 받아 쓰고도 1억이 늘어나는 상황을 맛보실 수 있습니다. 세계적인 부자 워렌 버핏의 자산 대부분은 50대 이후에 만들어졌다고 하죠? 젊은 시절에 투자한 상품의 복리 수익은 시간이 지나면 지날수록 크게 돌아옵니다.

사실 여기서 세액공제 + 노후 대비 효과를 극대화하기 위해서는 연금저축과 세액공제 한도를 공유하며 최대 900만 원(연금저축 600 + IRP 300)까지 세액공제를 해주는 IRP에도 연 300만 원씩을 넣어주시면 좋지만, 여유가 없으신 경우에는 연 600만 원 연금저축만으로도 충분하니 이 정도만 다루고 넘어갑니다.

상당히 간단하게, 그리고 편하게 노후를 대비할 수 있는 대표적인 전략이 지금까지 설명드린 연금저축펀드에 매년 600만 원을 채우고, 그 돈으로 S&P500, 나스닥100 등 우량 지수에 투자하는 것입니다. 하지만 여기저기 검색을 조금 해보시면 '연금저축펀드, 절대 하면 안 된다'는 말을 하는 글이나 영상들도 찾아보실 수가 있는데요. 그런 글이나 영상에서 주로 제시하는 근거는 세 가지입니다. 어떤 것들이 있는지, 저는 어떻게 생각하는지 차례대로 한 번 보도록 하겠습니다. 첫 번째 근거를 특히 자세하게 분석해 드리겠습니다.

1. 중도해지 시 패널티가 너무 크다
2. 사회초년생은 연금저축펀드에 목돈이 묶이면 불리하다.
3. 집을 사고, 어느 정도 안정된 40대에 시작해도 충분하다

1. 중도해지 시 패널티가 너무 크다.

연금저축펀드를 하면 안 된다는 주장에 대한 가장 강력한 근거로

제시되는 내용입니다. 연금저축펀드의 경우 스스로 노후대비를 하는 사람에게 주는 일종의 '혜택'으로 세액공제를 해주는 상품이다 보니, 중도해지를 해서 노후대비를 포기하는 모습을 보이게 되면 이 세액공제분도 회수를 하게 됩니다.

또한 연금으로 수령할 경우 연금저축펀드 계좌 내에서 아무리 매매를 해도 수익금에 대한 세금이 나오지 않지만, 중도해지 시에는 수익금의 16.5%에 해당하는 양도소득세도 납부를 해야 합니다.

중도해지를 하지 않는다면 수익금에 대해 세금이 나오지 않는다는 점과 매년 납입액의 13.2~16.5%에 해당하는 금액을 그대로 돌려받는다는 점, 그리고 개별 주식 투자는 할 수 없지만 ETF에는 투자할수 있다는 점이 합쳐져 반드시 가장 먼저 투자해야 하는 상품이 되지만, 만약 중도해지를 할 계획이 있다면 일반적인 투자보다 불리한 상황이 나오는 타이밍도 분명히 있습니다.

가장 많이 나오는 경우가 사회초년생이 연금저축펀드에 투자를 하다가, 5~10년 정도 경과하여 집을 사야 하는 상황이 오고, 경력이 낮을 때 매년 600만 원씩 연금저축펀드에 납입을 하다 보니 따로 모은 목돈이 부족해진 데다가, 10년간 모았을 경우 원금 6,000만 원에 꽤 많은 수익금이 붙어 집을 살 수 있을 정도의 목돈이 연금저축펀드 계좌에 형성되어, 이 돈을 노후대비에 사용하지 않고 내 집 마련에 쓰게 되는 경우입니다.

이럴 때 중도해지를 하게 되면 뱉어야 하는 돈이 문제가 됩니다. 연금저축펀드는 납입 시 세액공제 혜택이 소득구간에 따라

13.2~16.5%이지만 해지할 때 뱉어내야 하는 금액은 무조건 투입한 돈의 16.5%가 되고, 그렇기에 경우에 따라 세액공제 받은 금액보다 뱉어야 하는 금액이 더 커진다는 설명이 항상 함께 붙곤 하는데요. 보기 쉽게 정리해드리자면, 연금저축펀드에 납입을 하다가 이런저런 사정이 생겨 중도해지를 했을 때의 패널티는 다음과 같습니다.

- 세액공제를 받은 원금의 16.5%에 해당하는 금액 환수
- 펀드를 사서 수익이 발생했을 경우, 수익금의 16.5%에 해당하는 소득세

반대로, 연금저축펀드 중도해지로 인해 발생할 패널티를 생각해서 가입을 하지 않았지만 지나고 보니 해지할 일이 생기지 않았을 때 잃게 되는 것들은 다음과 같습니다.

- 매년 600만 원 납입을 통해 받을 수 있었을 13.2%, 또는 16.5%의 세액공제
- 매년 수익금 기준 250만 원까지만 면제, 250만 원 초과분에 대해 22%가 부과되는 양도소득세

연금저축펀드 중도해지를 고려하지 않는다면 일반적인 투자상품과 연금저축펀드는 비교를 할 필요가 없을 정도로 연금저축펀드가 압도적인 성과를 보여주지만, 중도해지를 고려한다면 위 두 경우에 발생할 수 있는 손실을 각각 계산해볼 필요가 있습니다. 자세한 사례를 들어 설명을 드려보겠습니다.

위에 나온 주장의 대전제는 '사회초년생은 600만 원씩 넣기도 부담되고, 집을 살 때 목돈이 들어가서 어차피 연금저축펀드를 해지할 가능성이 높으니, 이렇게 해지를 하게 되면 그냥 미국 지수를 추종하는 ETF에 직접 투자를 한 것보다 손해가 크다'는 것입니다. 여기서부터 출발해 보겠습니다.

시나리오 1
연금저축펀드 중도해지를 하지 않을 경우 vs 일반계좌에 직접 투자

첫 번째 시나리오로 다음 A과 B의 경우를 비교해 보겠습니다. 이 비교는 '중도해지를 하지 않을 경우'의 연금저축펀드가 일반 계좌에 투자하는 것보다 얼마나 뛰어난 성과를 내는지를 보여드리기 위함입니다.

A. 연금저축펀드에 600만 원을 매년 꼬박꼬박 저축하고, 저축한 금액을 S&P500에 모으며, 세액공제 혜택으로 환급을 받은 16.5%, 연 99만 원을 직접투자로 S&P500에 추가로 넣는 경우

B. 연금저축펀드에 600만 원을 넣다가 패널티를 받을까 두려워 일반계좌에 돈을 모아 S&P500에 투자를 하는 경우

사실 연 600만 원이 큰 돈이고, 5~10년을 모으면 당연히 더 큰 돈일 수 있지만, 막상 5~10년 뒤에는 이런저런 이유로 연금저축까지

건드리지 않아도 대출이 넉넉하게 나온다거나 하는 이유로 자금이 마련되는 경우들도 있습니다. 패널티를 피하기 위해 일반계좌에서 S&P500을 모아갔다가, 굳이 그 돈이 필요하지 않은 상황이 생기게 된다면 이렇게 됩니다.

– 처음 5년

A. 연봉 5,500만 원이 되지 않아 세액공제는 16.5% 풀로 나옴. 총 495만 원

B. 세액공제 혜택 없음. 세액공제분 495만 원 + 세액공제분 적립식 투자 시 얻을 수 있었던 수익금(S&P500, 연 8% 가정 시) 얻지 못함.

'세액공제를 받은 돈'을 투자하는 것이니, 첫 해는 아직 공제를 받지 못해 투자할 돈이 없으므로 2년 후부터 시작을 한다고 보시는 게 맞습니다.

어차피 납입하는 원금은 같은 곳에 투자를 할 테니 수익금도 같겠지만, 후자의 경우 5년간 세액공제를 받지도 못하고, 세액공제 받은 금액을 재투자할 수도 없습니다. 6년간 세액공제받은 금액을 재투자

연금저축펀드 세액공제분 투자 결과표

연도	누적 세액공제금	수익금(이자)	총 자산
2년 차	990,000	79,200	1,069,200
3년 차	1,980,000	243,936	2,223,936
4년 차	2,970,000	501,051	3,471,051
5년 차	3,960,000	857,935	4,817,935
6년 차	4,950,000	1,322,570	6,272,570

하기만 해도 627만 원 정도가 나오게 되는데요. 10년으로 가면 어떻게 될까요?

- 7~10년

연금저축펀드 세액공제분 투자 결과표

연도	누적 세액공제금	수익금(이자)	총 자산
7년 차	5,940,000	1,887,015	7,827,015
8년 차	6,930,000	2,565,176	9,495,176
9년 차	7,920,000	3,370,790	11,290,790
10년 차	8,910,000	4,319,054	13,229,054

11년까지 가면, 세액공제를 받은 금액을 재투자한 것만 따져봐도 1,530만 원의 차이가 나오는 것을 보실 수 있습니다. 20년, 30년으로 가면 여기에 복리 수익이 더 붙기 때문에, 30년 기준으로 억 단위가 나올 정도로 차이는 엄청나게 벌어집니다. 그렇기에, 중도해지를 하지 않는 경우라면 연금저축펀드의 성과가 압도적으로 뛰어납니다.

시나리오 2

연금저축펀드를 중도에 해지할 경우

그렇다면 중도에 해지할 경우는 어떨까요? 다음 A와 B 경우를 비교해보도록 하겠습니다.

A. 연금저축펀드에 납입을 하다가 돈이 필요해져서 중도해지를 하는 경우

B. 일반 계좌에 직접투자, 목돈이 필요해져서 양도세를 내고 출금하는 경우

연금저축펀드의 세액공제 혜택은 연봉 5,500만 원을 기준으로 합니다. 그러니, 연봉이 5,500만 원을 넘지 않는다면 세액공제를 받는 금액은 납입액의 16.5%입니다. 그리고, 특별한 부수입이 없다면 교사는 보통 10년 차 정도가 되어야 저 정도의 연봉을 받을 수 있는 직업입니다. 최소 10년간은 위에서 말한 '사회초년생' 조건에 부합하는 직업이라는 뜻이 되기도 합니다. 이쯤에서 연금저축펀드 중도해지 시의 패널티를 다시 한번 볼까요?

- 세액공제를 받은 원금의 16.5%에 해당하는 금액 환수
- 펀드를 사서 수익이 발생했을 경우, 수익금의 16.5%에 해당하는 소득세

이 부분을 생각하며, 위와 마찬가지로 사회초년생, 집 구매 등으로 인해 목돈이 필요해져서 중도인출을 하는 경우를 보도록 하겠습니다.

─ 연금저축펀드 5년 뒤 중도해지

연봉 5,500만 원이 넘을 리가 없으니, 매년 납입한 600만 원의 16.5%, 99만 원의 세액을 환급받게 됩니다. 이걸 5년간 일반 계좌에 적립하며 S&P500에 투자한다고 하면, 위에서 보신 것처럼 627만 원이 나오게 됩니다.

그리고 여기부터는 정확한 계산을 위해 납입한 원금에 붙은 수익금도 계산을 해볼 필요가 있습니다.

연금저축펀드 원금 투자 결과표

연도	누적 원금	수익금(이자)	총 자산
1년 차	6,000,000	480,000	6,480,000
2년 차	12,000,000	1,478,400	13,478,400
3년 차	18,000,000	3,036,672	21,036,672
4년 차	24,000,000	5,199,606	29,199,606
5년 차	30,000,000	8,015,574	38,015,574

매년 600만 원씩 납입을 하고, 연 8%(S&P500 평균수익률) 수익이 난다고 했을 때, 5년 뒤 연금저축펀드 계좌에 모인 돈은 원금 3,000만 원, 수익금 800만 원이 됩니다. 합치면 3,800만 원이 되고, 세액공제받은 금액을 재투자한 482만 원을 합쳐주면 4,282만 원 정도가 나오게 됩니다. 여기서, 중도해지 패널티를 계산해보도록 하겠습니다.

중도해지 패널티는 5년간 세액공제를 받은 원금의 16.5%인 495만 원과, 수익금 800만 원에 대해 떼 가는 16.5%, 132만 원이 됩니다. 이걸 합치면 627만 원이 나오고, 총 자산인 4,282만 원에서 627만 원을 빼주면 손에 쥘 수 있는 금액은 3,655만 원 정도가 됩니다.

세액공제를 받은 금액을 그대로 뱉어냈지만, 받은 금액을 5년간 투자하여 돈을 불릴 수 있었기에 오히려 운용수익이 남고, 수익금에 대한 세금을 내더라도 여전히 꽤 괜찮은 수익을 올릴 수 있었습니다.

- 일반계좌 직접투자 처음 5년

다음은 일반계좌에 직접투자를 한 경우입니다. 일반계좌에서 S&P 지수를 추종하는 ETF에 투자한 경우, 수익금 기준 연 250만 원까지는 세금이 면제가 되지만, 250만 원이 초과되는 금액에 대해서는 22%의 세금이 나옵니다. 단순한 게 좋다는 생각으로 그냥 5년간 투자를 하다가 한 번에 팔고 나오게 되면, 총 자산 3,800만 원에서 5년간의 수익금 800만 원 중 250만 원은 면제, 나머지 550만 원에 대해 22% 세금(121만 원)을 떼게 되니, 3,680만 원 정도를 손에 쥐게 됩니다. 이 경우, 모든 패널티를 받고 중도해지를 한 연금저축과 비슷한 수준의 돈을 받게 됩니다.

하지만 매년 250만 원까지 세금이 면제라는 점을 잘 활용해 1년에 한 번씩, 수익금 기준 250만 원 한도로 팔았다가 다시 사는 작업을 한다면 처음 5년까지는 양도소득세를 다 피할 수가 있습니다. 조금은 내게 되겠지만, 다 피한다고 쳐도 손에 쥐는 돈은 3,800만 원, 연금저축 중도해지보다 150만 원 정도 유리한 상황입니다.

여기서 1~4년 차 세액과 관련하여 다음 A와 B를 비교할 필요가 있습니다. 다시 표를 가져와 보겠습니다.

A. 연금저축펀드에 투자하다가 중도해지를 한 사람이 매년 받은 세액공제분을 투자해서 얻은 수익금

B. 직접투자를 하며 매년 250만 원까지의 수익금에 대해 세금을 면제받은 사람이 무조건 수익금의 16.5% 세금을 내야 하는 사람보다 절약한 세금

연금저축펀드 원금 투자 결과표

연도	누적 원금	수익금(이자)	총 자산
1년 차	6,000,000	480,000	6,480,000
2년 차	12,000,000	1,478,400	13,478,400
3년 차	18,000,000	3,036,672	21,036,672
4년 차	24,000,000	5,199,606	29,199,606
5년 차	30,000,000	8,015,574	38,015,574

연금저축펀드 세액공제분 투자 결과표

연도	누적 세액공제금	수익금(이자)	총 자산
2년 차	990,000	79,200	1,069,200
3년 차	1,980,000	243,936	2,223,936
4년 차	2,970,000	501,051	3,471,051
5년 차	3,960,000	857,935	4,817,935
6년 차	4,950,000	1,322,570	6,272,570

1년 차의 경우, 세액공제를 받은 금액을 투자하여 성과를 낼 시간이 없으니, 거기서 벌 수 있는 돈은 없다고 봐도 됩니다.

연금저축펀드 중도해지자의 경우 수익금 48만 원의 16.5%, 약 8만 원 정도의 패널티를 받게 되며, 직접투자를 한 사람은 수익금이 250만 원이 되지 않으므로, 중도해지에 비해 8만 원만큼 유리합니다.

2년 차의 경우, 연금저축펀드 중도해지자는 세액공제분에 수익금 8만 원이 붙습니다. 하지만, 원금에 대한 수익금 약 148만 원의 16.5%, 약 25만 원에 해당하는 세금을 납부해야 합니다. 수익금과 패널티를 계산해보면 17만 원이 나오게 되는데, 직접투자를 한 사람은 여전히 세금이 없으니, 17만 원만큼 유리합니다.

3년 차의 경우, 연금저축펀드 중도해지자는 세액공제분에 수익금 24만 원이 붙습니다. 하지만 원금에 대한 수익금 약 300만 원의 16.5%, 50만 원 정도 되는 패널티가 나오고, 계산해보면 26만 원 손해를 보게 됩니다. 직접투자를 한 사람은 매년 250만 원 한도로 세금을 피하고 있으니, 26만 원만큼 유리합니다.

4년 차의 경우, 연금저축펀드 중도해지자는 세액공제분에 수익금 50만 원이 붙습니다. 하지만 원금에 대한 수익금 약 520만 원의 16.5%, 약 86만 원 정도의 패널티가 나오고, 계산해보면 36만 원의 손해를 보게 됩니다. 직접투자를 한 경우, 여전히 매년 사고 파는 활동을 통해 세금을 피할 수 있으니, 36만 원만큼 유리합니다.

5년 차의 경우, 연금저축펀드 중도해지자는 세액공제분에 수익금 86만 원 정도가 붙습니다. 하지만 원금에 대한 수익금 800만 원의 16.5%, 132만 원의 패널티가 나오고, 계산해보면 46만 원의 손해를 보게 됩니다.

연금저축펀드 원금 투자 결과표

연도	누적 원금	수익금(이자)	총 자산
6년 후	36,000,000	11,536,820	47,536,820
7년 후	42,000,000	15,819,766	57,819,766
8년 후	48,000,000	20,925,347	68,925,347
9년 후	54,000,000	26,919,375	80,919,375
10년 후	60,000,000	33,872,925	93,872,925

연금저축펀드 세액공제분 투자 결과표

연도	누적 세액공제금	수익금(이자)	총 자산
6년 차	4,950,000	1,322,570	6,272,570
7년 차	5,940,000	1,887,015	7,827,015
8년 차	6,930,000	2,565,176	9,495,176
9년 차	7,920,000	3,370,790	11,290,790
10년 차	8,910,000	4,319,054	13,229,054

　6년 차로 가보겠습니다. 연금저축펀드 중도해지자는 세액공제분에 수익금 132만 원이 붙고, 원금에 대한 수익금 1,153만 원의 16.5%, 190만 원 정도의 패널티가 나와 약 58만 원의 손해를 보게 됩니다. 여기서부터는 직접투자 계좌 역시 매년 250만 원씩 팔고 사며 양도세를 피했더라도, 연간 수익금이 면제 한도를 넘어서게 되며 세금을 내야 하는데요. 수익금 350만 원 중 250만 원은 세금이 면제되고, 나머지 100만 원에 대해 22% 세금을 내야 하므로 22만 원이 빠지게 됩니다. 연금저축펀드 중도해지자는 58만 원 손해를 봤지만, 직접투자자의 경우도 22만 원의 세금을 내게 되므로 둘의 차이는 36만 원으로 좁혀지게 됩니다. 6년 차부터는 간극이 좁아지기 시작하는 겁니다.

　7년 차로 가면, 연금저축펀드 중도해지자는 세액공제분에 수익금 189만 원 정도가 붙고, 원금에 대한 수익금 1,580만 원의 16.5%, 약 260만 원의 패널티가 나오게 됩니다. 계산해보면, 70만 원의 손해를 보게 됩니다. 직접투자를 한 경우, 1년간 누적 수익이 430만 원, 이전년도 누적 수익 350만 원 중 250만 원만 세금을 피했으니 누적 미실현 수익이 530만 원이 되는데요. 250만 원 면제 후 280만 원에 대해

22% 세금을 내야 합니다. 세금이 61만 원 정도 나오니, 70만 원에서 61만 원을 뺀 9만 원으로 차이가 더 좁혀집니다.

8년 차부터는 상황이 반전됩니다. 모인 금액이 커지며 세액공제분에 대한 수익금도 늘어나고, 매년 250만 원 한도로 세금을 면제받던 직접투자 계좌에 미실현 수익이 쌓이며 22% 세금이 잡히는 금액이 점점 늘어나기 때문입니다. 금액이 커지면 커질수록, 중도해지 시 수익금의 16.5%만을 세금으로 떼 가는 데다가, 그간 받은 세액공제분을 투자해서 불린 수익금은 그대로 가져갈 수 있는 연금저축펀드 계좌가 계속해서 유리해지는 겁니다.

연금저축 중도해지 VS 직접투자 비교 요약 표

연도	연금저축 중도해지 결과	직접투자 결과	차이(직접투자 우위 + / 연금저축 우위 -)
1년 차	수익 없음 (세액공제만 회수)	수익 없음	차이 없음
2년 차	수익 +8만 원, 패널티 약 -25만 원 → -17만 원	세금 없음 → +0원	+17만 원 (직접투자 유리)
3년 차	세액공제 이익 +24만 원, 패널티 약 -50만 원 → -26만 원	세금 없음	+26만 원 (직접투자 유리)
4년 차	세액공제 이익 +50만 원, 패널티 약 -86만 원 → -36만 원	세금 없음	+36만 원 (직접투자 유리)
5년 차	세액공제 이익 +86만 원, 패널티 약 -132만 원 → -46만 원	세금 없음	+46만 원 (직접투자 유리)
6년 차	세액공제 수익 +132만 원, 패널티 약 -190만 원 → -58만 원	과세 발생: 약 -22만 원	+36만 원 (직접투자 우위 감소)
7년 차	세액공제 수익 +189만 원, 패널티 약 -260만 원 → -70만 원	과세 발생: 약 -61만 원	+9만 원 (차이 거의 사라짐)
8년 차 이후	수익 증가 + 세액공제 투자 수익 유지 + 세울 조정(16.5%) → 점점 유리해짐	과세 구간 지속 확대 → 점점 불리해짐	연금저축 중도해지가 점점 유리

표로도 정리해 보았으니 참고해 주시기 바랍니다. 길게 말씀드렸고, 계산이 복잡하실 수 있지만, 결과만 말씀드리자면, 연금저축은 어느 시점에 중도해지를 하더라도 직접투자에 비해 최대 50만 원 정도의 손해를 보는 수준이며, 8년 차부터는 중도해지를 하더라도 직접투자보다 총 자산 면에서 유리합니다.

중도해지를 하지 않는다면 세액공제분을 재투자해서 내는 성과 + 30년 뒤 출금을 해야 할 때의 양도세를 생각해봤을 때 노후대비 측면에서 직접투자가 연금저축펀드를 절대 따라올 수가 없습니다.

그러니, '중도해지 시 패널티가 너무 크다'는 말은 옳지 않습니다. '중도해지 시 직접투자와 비교했을 때 연차에 따라 최대 50만 원의 패널티를 받을 수 있지만, 중도해지를 하지 않는다면 직접투자와 비교했을 때 억 단위로 차이가 날 수 있다'고 하는 것이 옳습니다. 최대 50만 원을 잃을 위험과, 30년간 1억 이상을 벌 수 있는 기회 사이에서 저울질을 한다면, 중도해지를 하더라도 연금저축에 납입을 하는 것이 기대수익이 훨씬 높은 상황입니다.

2. 사회초년생은 연금저축펀드에 목돈이 묶이면 불리하다.

앞에서 했던 이야기로 쉽게 정리가 가능한 부분입니다. 특정한 사유가 있어야만 해지를 할 수 있는 IRP와 달리, 연금저축펀드는 패널티만 감수한다면 언제든 자유롭게 해지, 출금이 가능합니다. 그리고 그 패널티는 최대치로 잡아도 50만 원 선입니다. 그러니, 정 필요하다면 중도해지를 해도 됩니다. 확실하게 잃을 것이라고 생각되는 돈보다, 어쩌면 더 벌 수 있는 돈이 훨씬 많으니까요.

3. 집도 사고 안정된 40대에 시작해도 늦지 않다.

집을 사기 전에는 노후대비를 할 필요가 없다고 생각하실 수도 있습니다. 잘 와닿지도 않는 단어이기도 하고요. 하지만, 20대에 시작하는 것, 30대에 시작하는 것, 40대에 시작하는 것은 정말 천지차이입니다. 연 600만 원씩, 8% 수익률로 10년을 모으면 9,400만 원이 됩니다. 20대에 시작한 사람과 30대에 시작한 사람은 9,400만 원의 차이를 안고 시작합니다. 20년을 모으면 약 3억이 됩니다. 20대에 시작한 사람과 40대에 시작한 사람은 3억의 차이를 안고 시작합니다. 30년을 모으면 7억 5,000만 원 정도가 되고, 세액공제분을 투자한다면 여기에 1억이 추가됩니다.

장기 투자 결과 요약

기간	누적 원금	수익금	총 자산
10년 차	6,000,000	33,872,925원	93,872,925원
20년 차	12,000,000	177,021,450원	297,021,450원
30년 차	18,000,000	554,075,208원	734,075,208원
40년 차	24,000,000	1,431,173,269원	1,671,173,269원

40대에 시작한 사람이 10년간 투자해서 50대에 9,400만 원을 가지고 있을 때,

20대에 시작한 사람은 30년간 투자해서 세액공제분을 포함하여 50대에 8억 5,000만 원을 가지게 됩니다.

40대에 시작한 사람이 20년간 투자하면 60대에 3억을 가지게 되고,

20대에 시작한 사람이 40년간 투자하면 세액공제분을 포함하여 60대에 18억 이상을 가지게 됩니다.

'안정되고 나서 시작해도 늦지 않다'는 말은, 10~20년 늦게 시작하는 것으로 인해 십억 가까이 되는 차이를 감수해도 된다는 뜻입니다. 엄청나게 힘든 투자를 하는 게 아닙니다. 수당, 성과급을 활용하여 1년에 600만 원만 채워 넣는 겁니다.

5년을 모아봤자 4,000만 원 선이고, 10년을 모아도 1억 선입니다. 교사 직업 특성상 집을 살 때 모아둔 현금, 주택담보대출, 신용대출에 더해 공제회 대출로 1억을 더 받을 수 있는데도, 연금저축에 모아둔 노후대비 자금까지 빼서 사야 할 정도의 집이라면 애초에 감당하기가 어려운 수준이니 사지 않는 것이 위험 대비 차원에서 좋습니다.

늦게 시작할수록 차이가 커지고, 중도해지를 하더라도 예상되는 패널티가 그리 크지 않으니, 연금저축펀드는 선택이 아니라 필수적으로 해줘야 하는 재테크라고 보시면 될 것 같습니다.

그리고, 목돈이 필요한 상황은 꼭 초년생 시기를 지나 집을 처음으로 살 때만 있는 게 아닙니다. 나이가 먹어가면서도 목돈이 필요할 일

이 생기기 마련인데요. 40대에 시작한 연금저축도, 마음먹기에 따라 중도해지를 해야만 하는 상황이 생길 수 있다는 뜻입니다. 이런 부분을 생각해보면, 오히려 40대에 연금저축을 시작하는 것이 더 좋지 못한 결과를 불러올 수도 있습니다.

경력이 20년쯤 되면 연봉은 5,500만 원을 돌파해서 세액공제는 13.2%만 받을 수 있는데, 중도해지를 하면 16.5%를 뱉어내야 하니, 이것만으로도 3.3% 손해가 발생하는 데다가, 세액공제분도 연 99만 원이 아닌 79만 원만 나오다 보니 여기서 나오는 수익금도 줄어들 수밖에 없으니까요. 어차피 할 거라면, 일찍 시작하는 것이 유리한 이유입니다.

3단계: 내 집 마련하기

노후에 '현재 가치'로 월 500만 원의 소득을 만드는 건, 방금 보신 바와 같이 교사에게는 매우 간단한 일입니다. 따로 엄청난 저축을 할 필요도 없이 일을 하면서 자연스럽게 연금을 쌓고, 매년 600만 원씩만 저축을 해주면 됩니다. 나머지 돈은 다 써버려도 노후 대비가 된다는 뜻입니다.

하지만 이걸 그냥 여행이나 유흥에 쓰기보다는, 어느 정도는 내 집 마련에 사용하시는 걸 권해드립니다. 이유는 네 가지 정도를 이야기해보고 싶은데요.

1. 주거비는 어차피 들어간다

사람은 어차피 어디선가 살아야만 합니다. 주식이나 코인은 모든 사람이 할 필요도 없고 하지도 않지만, 부동산은 모든 사람이 참여하는 거의 유일한 시장입니다. 집값이 내릴 것 같다는 이유로 내 집마련을 하지 않고 전세·월세를 살게 되면 전세금을 대기 위해 현금·대출을 활용해야 하고, 월세를 내기 위해 매달 고정 지출을 감당해야 합니다.

사실 단기적으로 보면 집값 하락을 대비해 전·월세를 살며 돈을 모으는 게 좋은 효과를 낼 수도 있습니다. 집값이 오르기만 하는 건 아니니까요. 내가 전/월세를 사는 동안 집값이 내린다면, 나는 더 싼 값에 집을 살 수 있으니 타이밍만 잘 맞추면 아주 좋은 선택이 될 수 있습니다.

하지만 생각해볼 만한 것들이 좀 더 있습니다. 어떤 형태로 살든 주거비는 계속 들어간다는 사실을 고려하면, 이 문제는 더 진지하게 생각해볼 필요가 있습니다.

2. 부동산은 인플레이션의 집합체

부동산은 인플레이션의 집합체라고 봐도 좋을 정도로 물가상승, 임금상승, 화폐가치 하락의 영향을 크게 받는 자산입니다. 부동산 가치의 대부분을 담당하는 땅값이 인플레이션의 효과를 톡톡히 보는 부분이기 때문인데요. 땅값에 더해 건물을 짓는 자재, 인건비 등을 고려해보면 10년, 20년, 30년 뒤의 부동산 가격은 올라갈 수밖에 없습니다.

많은 분들이 한국 부동산의 장기 하락을 염려하시곤 합니다. 10년, 20년, 30년 뒤가 되면 집을 살 사람도 없고 인구도 줄어들 테니 집값은 폭락할 일만 남았다고요. 그런데 인플레이션의 개념에 대해 조금만 생각해봐도 이게 쉽지 않은 일이라는 걸 알 수 있습니다.

현 시점 기준 아파트를 사기 위해 4억 원을 연 3% 이율로 대출받으면 월 이자로 100만 원 정도가 나갑니다. 이 100만 원은 최저시급 기준 100시간을 일하면 벌어들일 수 있는 돈입니다.

1년 뒤에는 최저임금이 오릅니다. 2년 뒤에도, 3년 뒤에도, 10년 뒤에도, 30년 뒤에도 계속해서 오르게 될 겁니다. 1989년도에는 최저시급이 600원이었는데요. 책을 집필 중인 2025년 기준 최저시급은 매년 약 8%씩 복리로 성장해 왔습니다. 물론 앞으로도 그럴 수는 없습니다.

한국 경제의 고도성장이 1990년대까지 이어지며 연평균 6-7%의 성장률이 나왔고, 2000년대에는 4-5%, 2010년대에는 2-3%, 2020년대에는 1-2%까지 떨어진 상황이기 때문입니다. 하지만 물가상승률과 실질 경제 성장률을 합쳐 연 4.5%의 인상만 나온다고 해도, 10년 뒤에는 최저시급이 16,000원, 20년 뒤에는 25,000원, 30년 뒤에는 약 39,000원이 된다는 계산을 해볼 수 있습니다.

이건 '최저시급'이니, 일반적인 직장인들의 소득을 생각해보면 당연히 이것보다는 더 많은 돈을 받게 되겠죠? 게다가 집값이 장기적으로 하락하기 위해서는 몇 가지 조건이 더 갖춰져야 합니다.

① 의료기술의 발전, 이민자의 유입 등이 절대로 일어나지 않아 인구가 감소하는 것이 확실해야 하며
② 매년 노후되어 사라지는 주택(연평균 2%)만큼의 주택은 반드시 공급되어야 하지만
③ 집값이 계속해서 떨어지고, 물가와 인건비가 계속 오르는 와중에도 누군가가 굳이 손해를 보며 그 공급을 지속해주어야 하고
④ 공급이 나오지 않을 경우 모두가 집 없이 길바닥에서 살기로 합의가 되어 아무도 집을 비싼 값에 사지 않는 상황이 와야 합니다.

1번은 예측하기 쉽지 않은 상황이고, 2번은 이미 제대로 공급이 진행되지 않고 있으며, 3·4번은 상식적으로 일어날 수가 없는 상황입니다. 그런 상황에서 임금은 계속 오를 테고요.

많은 사람들이 '집값이 xx억'이라는 부분에만 집중하지만, 사실 집값은 매매가가 아닌 '월 주거비'를 기반으로 생각하는 것이 좋습니다. 특히 우리는 몇십억, 몇백억대 현금을 가지고 집을 살 수 있는 직업을 가진 사람들이 아니라 매달 나가는 대출이자나 월세를 활용하여 주거를 해결하는 사람들이기 때문입니다. 그리고 이 주거비가 고정된다고 하면, 매년 오르는 임금을 생각해봤을 때 갈수록 부담이 적어지

는 효과가 나오게 됩니다. 월급은 오르고 집값은 계속 떨어지는데 누군가 그 싼 값에 손해를 보면서 계속 집을 지어주는 상황, 나를 위한 꿈속 이야기라면 모를까 현실에서는 일어날 수가 없는 일입니다.

3. 길게 보면, 사서 buy 사는 live 게 제일 싸다

그렇기에 인플레이션으로 인한 장기적인 집값 상승이 확정된 상황이라는 가정을 하고 시계열을 길게 보면, 결국 집을 매수해서 대출이자를 내며 장기거주하는 것이 가장 적은 비용으로 큰 자산을 형성할 수 있는 방법입니다. 예를 들어 보겠습니다.

예 경기도의 6억짜리 아파트

30대 초반까지 열심히 저축한 부부교사가 각 1억씩, 2억의 현금과 4억의 대출을 활용해서 집을 샀다고 생각해보겠습니다. 금리 인하가 진행되어 신혼부부 특례대출 등을 활용해 연 3%대 이자로 돈을 빌릴 수 있었습니다. 월 이자는 100만 원, 30년간 대출을 상환하며 원금 4억과 이자 3억 6천만 원을 냈습니다.

KB국민은행 통계에 따르면, 2000년 이후 수도권(서울/경기/인천)의 아파트 가격 상승률은 연평균 6.78%가 나옵니다. 이걸 기준으로 보면, 6억에 매수한 아파트는 10년 뒤 약 11.5억, 20년 뒤 약 22.3억, 30년 뒤 약 43억이 됩니다. 서울을 포함한 통계이기에 경기도에 집을 샀다고 하면 이보다 덜한 상승률이 나올 수는 있습니다만, 그래도 나름 신뢰할 만한 수치라고 볼 수 있습니다.

이 부부는 기존 자산 2억에 대출원금 4억, 이자 3.6억, 총 9.6억 원을 들여 30년간 거주비를 해결하고, 43억짜리 아파트를 보유하게 되었습니다.

㉠ (같은 아파트)

부부교사는 2억의 현금과 2억 원의 대출을 활용해 전세를 살기로 했습니다. 집값이 떨어지기만을 기다리며, 2년마다 전세 재계약을 하며 버텨보지만 어느새 10년이 지나고 매매가는 11.5억이 되었으며, 전세가는 7억이 되었습니다(전세가율 약 67% 가정).

10년간 허리띠를 졸라매고 부부 합산 매년 5천만 원씩 저축을 해 현금 5억을 추가로 만들었지만, 결국 대출 없이 전세를 살 수 있을 정도가 되었을 뿐 저축한 것 이상의 자산가치 상승은 없었습니다.

20년이 지나 매매가는 22.3억, 전세가는 약 15억 원이 되었습니다. 부부도 경력이 쌓이며 급여가 오르고, 더 열심히 매년 7천만 원씩 저축을 해서 현금 7억을 추가로 만들었지만, 신혼 때 가졌던 2억, 10년간 모은 5억, 또 10년간 모은 7억을 더해도 대출 1억을 껴야만 그 집에 살 수 있습니다.

30년이 지나 매매가는 43억, 전세가는 약 29억이 되었습니다. 지난 10년간 연 1억씩 저축을 해봤지만, 가진 돈은 24억 수준, 5억 원의 대출을 추가해야 그 집에 전세로 살 수 있습니다.

30년간 열심히 저축하면서 살며 24억을 모았고, 24억의 자산을 가지게 됩니다. 앞의 시나리오에서는 9.6억을 들여 30년간의 거주를 해결하고 43억의 자산을 만들었지만, 이번에는 24억을 들여 24억을 가지게 되고, 집은 없는 상태가 된 겁니다.

1번 부부가 2번 부부보다 덜 쓴 약 15억 원의 돈은 S&P, 나스닥, 배당 등에 넣었다면 이 격차는 더더욱 크게 벌어지게 됩니다.

월세는 상황이 더 나빠집니다. 대출이자보다 많은 수준의 월세를 내지만, 내 돈을 모아 전세를 살거나 전세대출을 할 때에 비해 '아예 사라지는 돈'이 더 많기 때문입니다. 사실 집이 오래되면 전세가율이 떨어져 전세가 더 싸지는 경우도 있지만, 근 20년간 지어진 집들을 보면 아직도 현역이라고 해도 좋을 정도로 상태가 좋은 경우가 많고, 전세가율도 비슷하게 유지되고 있습니다. 지금 지어진 집들의 30년 뒤도 크게 다르지 않을 거라고 생각합니다.

그렇기에 장기적으로 보면 결국 집을 사서(buy) 사는(live) 것이 가장 저렴하게 주거비를 해결하고, 자산을 형성할 수 있는 길입니다.

4. 제3의 연금으로 활용 가능

이렇게 말을 하다 보면, "난 독신이라 물려줄 사람도 없는데 집값이 올라서 뭐하냐", "집이 아무리 비싸져봤자 팔지도 못하고 깔고 앉아 있으면 쓸모도 없지 않냐"라고 하실 수 있는데요. 이런 경우에는 집을 공무원연금, 개인연금에 이은 제3의 연금으로 활용할 수 있습니다. 바로 주택연금 제도가 있기 때문인데요. 집은 있는데 월 수입이 부족한 경우, 이 집을 나라에 미리 팔고 매월 집값의 일부를 연금처럼 수령하며 그 집에 계속 거주할 수 있는 제도라고 보시면 됩니다.

현 시점 기준, 65세에 6억짜리 집을 보유한 상태로 주택연금을 신청하면 월 150만 원 정도의 금액을 죽을 때까지 받을 수 있습니다. 만약 주택연금을 집값만큼 다 받지 못하고 사망하게 된다면 남은 돈은 유족에게 상속할 수 있지만, 반대로 집값보다 큰 돈을 받을 때까지 오래 살아도 연금은 살아 있는 동안 계속 지급됩니다. 자녀가 있더라도, 없더라도 집을 사두는 게 노후까지 유리한 이유입니다.

집을 사는 것은 정말 많은 고민과 공부가 필요한 일입니다. 하지만 "이 집이라면 내가 오래오래 행복하게 살 수 있겠다" 싶은 집을 찾는다면, 그리고 예산이 허락한다면 감당 가능한 최대한의 대출을 고정금리로 받아 매수하시는 게 가장 좋은 시나리오입니다. 고정금리로 대출을 받게 되면 내야 하는 돈은 고정됩니다. 하지만 교사의 급여는 호봉 상승이나 임금 상승으로 인해 계속해서 올라갑니다. 현 시점의 금리가 조금 높다고 해도 감당할 수 있는 수준이라면 일단 받아놓고 대출을 갚다가 금리가 내려갔을 때 다시 고정금리로 대출을 갈아타면 됩니다.

집값이 떨어질 때 사는 것이 가장 좋은 시나리오인 건 맞지만, 위에서 본 사례처럼 타이밍을 놓치고 계속해서 집값이 떨어지기만 기다

리다간 아무 것도 하지 못하고 수십 년을 보낼 수 있습니다.

여유로운 삶을 위해, 내 예산이 허락하는 선에서 가장 좋은 집을 사서 거주하시는 것을 추천드립니다. 돈이 더 모이고 더 좋은 집에 욕심이 생긴다면 이사를 가면 됩니다. 집 욕심이 더 이상 생기지 않을 때까지요.

4단계: 배당주 모으기

여기까지 모든 단계를 차근차근 실천하셨다면, 노후에 거주할 집 한 채는 마련되어 있을 것이고, 최소한의 생활비를 보장해줄 공무원연금도 수령 가능하실 것입니다. 여기에 추가로 가입한 개인연금까지 더해지면 기본적인 노후 대비는 이미 완성된 셈입니다. 더 많은 생활비가 필요하다면 주택연금까지 활용할 수 있으니, 사실 이 정도만 되어도 '여유로운 노후'는 완벽하게 준비되었다고 보셔도 무방합니다.

그럼에도 불구하고, 보다 '화려한 삶'을 꿈꾸시는 분들도 계실 겁니다. 저는 개인적으로 '화려한 삶'을 만드는 핵심은 '자산 그 자체'가 아니라 그 자산에서 매달 얼마의 수입이 나오느냐, 즉 현금흐름이라고 생각합니다. 지금까지 살펴본 모든 과정 역시 자산을 통한 월 수입을 만드는 과정이었는데요. 여기에 더해 추가적인 자산 형성을 하고 싶은 분들은 SNP, 나스닥 ETF 등을 꾸준히 모아두었다가 필요할 때마다 매도하여 사용하는 방식도 가능합니다. 다만 저는 배당금을 받는 방식, 즉 배당주를 모으는 방법을 더 선호합니다. 이유는 다음과 같습니다.

배당주를 선호하는 이유 ①
ETF를 팔아서 쓰면 자산이 줄어든다

장기간 적립식으로 모아온 SNP·나스닥 ETF를 '매도해서' 사용할 경우, 매번 양도소득세가 발생합니다. 무엇보다 팔면 팔수록 내 자산이 줄어든다는 점이 가장 큰 단점입니다.

배당주를 선호하는 이유 ②
필요할 때 금융위기가 오면 꼼짝없이 손해

내가 돈이 필요한 바로 그 시기에 금융위기 같은 큰 폭락장이 오게 되면 어떨까요? 주가가 20~30% 떨어져 있는 상황에서 자산을 매도해야 한다면, 손해를 감수할 수밖에 없습니다.

배당주를 선호하는 이유 ③
SNP·나스닥의 배당수익률은 매우 낮다

"그럼 배당으로만 쓰면 되지 않을까?" 싶을 수 있지만, SNP·나스닥 ETF의 배당수익률은 매우 낮습니다. 즉, 배당으로 생활하기에는 턱없이 부족한 구조입니다.

그렇다면 건물을 사서 월세 받는 게 낫지 않을까요? 건물을 사서 월세를 받으면 자산도 보유하고, 매달 월세라는 현금흐름도 만들 수 있으니 좋아 보입니다. 하지만 배당주가 건물보다 나은 이유는 명확합니다.

배당주가 건물주보다 나은 이유 ①

건물은 자산 한 곳에 '몰빵'해야 한다

건물 투자는 기본적으로 막대한 자본을 한 곳에 집중 투자해야 합니다. 그런데 그 지역의 미래가 반드시 밝다는 보장은 없습니다. 만약 그 건물이 위치한 지역의 상권이 급격히 쇠퇴한다면 어떨까요?

제가 실제로 경험한 일화를 말씀드리겠습니다. 이태원에서 바를 운영하시던 사장님은 월세 900만 원을 내면서도 매출 1억 이상을 기록할 정도로 장사가 매우 잘 됐습니다. 그러나 이태원 참사 이후 손님이 급감하면서 매출이 월 1,000만 원 수준으로 폭락, 결국 임대료를 감당하지 못해 폐업하셨습니다.

이것은 세입자의 입장도 안타깝지만, 건물주 입장에서도 치명적입니다. 평생 모은 돈으로 마련한 단 하나의 건물이 바로 그 건물이었다면? 상권 악화로 임대료가 반토막 나고, 대출이 있다면 이자까지 내야 하는 상황이라면? 이런 시나리오는 건물 투자에 내재된 위험을 그대로 보여줍니다.

배당주가 건물주보다 나은 이유 ②

세입자, 유지 보수 문제는 피할 수 없다

세입자는 항상 완벽할 수 없고, 건물은 시간이 지나면 반드시 낡습니다. 수리비가 계속 들어가고, 그렇다고 임대료가 물가상승률만큼 오르는 것도 아닙니다. 부모님 이야기를 예로 들어보겠습니다.

약 30년 전, 두 칸짜리 동네 상가

1억 2,000만 원에 매수 보증금 3,000만 원, 월세 120만 원

현금 9,000만 원 투자 → 연 1,440만 원 수익(연 16%). 당시로선 최고의 투자처럼 보였음.

그러나 30년 뒤,

보증금 2,000만 원, 월세 120만 원 (변화 없음.)

그동안의 최저임금·물가상승률을 고려하면 사실상 엄청난 가치 하락

건물은 낡고, 수리비 들어가고, 세입자 문제도 있음.

즉, 30년 치 물가 상승을 임대료가 따라가지 못했고 결과적으로 투자 성과는 애매한 수준입니다. 이런 사례는 생각보다 매우 많습니다.

배당주가 건물주보다 나은 이유 ③

건물 소득이 많아지면 공무원연금이 '지급 정지'된다

이건 교사에게 정말 핵심 포인트입니다. 공무원연금은 근로·사업·

부동산 임대소득이 일정 수준을 넘으면 지급이 정지됩니다.

평균기준소득월액의 1.6배 이상 → 연금 전액 지급 정지

(현 기준 약 월 900만 원 이상 소득이면 연금 끊김.)

평균 연금액(약 월 270만 원)을 초과하는 수입이 있을 경우 → 일부 삭감

즉, 건물로 월세를 많이 받으면 연금이 중단되거나 삭감될 수 있습니다. 그러나! 배당소득·이자소득·연금소득은 연금 지급정지 대상이 아닙니다.

따라서 배당주는 다음 이점을 모두 갖습니다.

→ 자산을 유지하면서 월수입 확보

→ 연금 지급정지 리스크 X

→ 전문가들이 관리하는 우량기업에 투자

배당주가 '무섭다'는 분들께

배당주는 잘만 고르면 물가상승률만큼, 혹은 그 이상의 배당금 증가가 매년 나오기 때문에 물가상승으로부터 안전하고, 일개 교사인 내가 아닌 세계 최고의 전문가들이 고심해서 고르고 키우는 자산을 함께 보유할 수 있다는 장점도 있습니다. 게다가 주식을 팔 필요 없이

매달 나오는 월 수입을 인출해 사용할 수 있으며, 연금 지급 정지 기준에도 걸리지 않을 수 있습니다. 그래서 저는 다른 ETF나 건물보다는 배당주를 모아가는 데 초점을 두고 있습니다.

하지만 배당주라고 하면 '주식'이기 때문에 아무래도 주가 하락에 대한 부담감을 느끼는 분들이 많이 계십니다. 특히 한국 주식에서 손해를 크게 봤거나, 배당을 받은 것보다 더 큰 시세 하락을 경험한 분들은 더욱 걱정하곤 합니다. 하지만 제대로 된 배당주를 꾸준히 모아간다면 이런 부분에 대한 걱정은 크게 하지 않으셔도 됩니다.

배당주, 배당 ETF의 종류는 정말 많지만, 지금까지 제가 투자해왔던 종목들을 기준으로 간단하게 설명드리자면 이렇습니다.

■ 리얼티인컴

미국의 부동산 회사로, 투자자들에게 투자받은 돈으로 건물이나 토지를 매입한 뒤 미국의 대기업을 상대로 임대를 합니다. 임대료는 꾸준히 인상되며, 이렇게 받은 임대료의 일부를 투자자들에게 배당하는 구조입니다. 여러 차례의 경제위기 속에서도 공실률이 5% 미만일 정도로 매우 안정적인 사업 모델을 가진 회사입니다. 30년 가까이 배당금을 계속 지급해왔고, 매년 배당금을 인상해온 회사입니다.

■ 알트리아

'말보로'로 유명한 담배 회사입니다. 2024년에는 주가가 크게 내려 배당수익률이 세전 9% 수준까지 올라갔습니다. 그래서 당시 1~2년 동안 상당히 열심히 모았던 종목이었는데, 지금은 주가가 2024년 대비 약 30%가량 올라 배당수익률이 6%대로 떨어진 상태입니다. 그럼에도 불구하고 50년 가까이 배당을 지급하고 인상해온 기업으로, 신뢰도가 매우 높은 편입니다.

▪ SCHD ETF

간단히 말해, 미국 기업들 가운데 꾸준히 배당을 지급하고 배당금을 인상해온 것으로 유명한 100개 기업에 분산투자하는 상품입니다. 특정 기업 하나에만 투자할 때 생기는 위험을 피할 수 있고, 매년 새로운 100개 종목을 선정하기 때문에 장기적으로 성장성이 있는 기업들로 구성될 가능성이 높다는 장점이 있습니다. 연평균 배당성장률은 10%를 웃돌고, 이 성장이 장기적으로 지속될 수 있을까 우려하는 분들도 있지만, S&P500 기반 ETF들의 배당 성장률이 연 6~7% 수준임을 감안하면 배당과 배당성장에 초점을 둔 SCHD의 성장률도 충분히 유지될 가능성이 높다고 볼 수 있습니다.

이렇게 수십 년간의 배당 지급·성장 데이터를 가진 '제대로 된' 회사들에 투자를 하게 되면 마음 편히 주식을 모아갈 수 있습니다. 주가가 상승하면 상승하는 대로 기분이 좋고, 하락하게 되면 새로 산 주식의 배당수익률이 올라가니 장기적으로 좋고, 배당금이 매년 올라가니 그때도 기분이 좋고, 어떤 상황이 와도 긍정적으로 볼 수 있으니까요. 이렇게만 말씀드리면 얼마를 넣어야 얼마의 수익이 나는지 알 수 없으니, 조금 구체적인 수치를 보여드리도록 하겠습니다.

연금저축, 공무원연금과 함께 매달 100만 원씩(연금저축은 수당으로 해결 가능, 30대 초중반 기준 이런저런 생활비를 쓰고 저축할 수 있을 것으로 예상되는 금액) 30년간, 배당수익률 연 4.5%, 배당성장률 연 4%, 주가 상승률 연 4%인 종목(위 3종목이 보여주는 수치 기반, 적당한 수익률로 세팅한) 에 적립식으로 매수하고, 배당금은 재투자한다고 가정했을 때의 시나리오입니다. 30년 동안 지속한다면, 현재가치 기준 월 210만 원의 소득을 고정적으로 얻을 수 있습니다.

기간	자산가치	월 배당금(세후)	자산가치 현재가치 (할인율 5%)	월 배당금 현재가치
10년 뒤	약 2.6억 원	약 42만 원/월	약 1.6억 원	약 26만 원/월
20년 뒤	약 10.7억 원	약 220만 원/월	약 4.0억 원	약 83만 원/월
30년 뒤	약 35.1억 원	약 950만 원/월	약 7.6억 원	약 210만 원/월

요즘은 투자 관련 정보들을 누구나 쉽게 찾아볼 수 있는 시대입니다. 배당주 역시 마찬가지인데요. 이 파트에서는 요즘 유명한 배당주, 배당 ETF들에 대해 간단하게 설명드리며, 투자 전에 종목을 공부하는 방법에 대해 이야기해보고자 합니다. 투자에 대한 최종 판단은 항상 본인이 해야 하며, 책임 또한 본인에게 있으니, 참고용으로만 봐주시면 됩니다.

먼저, 제가 투자할 ETF, 배당주를 고르는 기준은 다음과 같습니다.

1. 최소 10년간 배당금을 꾸준히 지급

2. 최소 10년간 배당금을 꾸준히, 유의미한 수준으로(3-4% 이상) 증액

3. 먼 미래는 예측할 수 없지만, 상품이 어느 정도의 지속 가능성을 보일 것

4. 배당금과 함께 주가도 꾸준히 상승할 가능성이 있을 것

어떤 회사들은 높은 배당수익률을 보여주는 때가 있다고 해도 반짝 1-2년간 배당을 주다가 배당금을 0으로 만드는 경우도 있습니다. 그렇기에 특정 시점에 배당수익률이 높은가?는 제 투자의 기준이 되

지 않습니다.

또한 현 시점 기준으로 배당수익률이 높거나 괜찮다고 해도 인플레이션을 감안한다면 반드시 배당금 증액이 이루어져야 하며, 이것 역시 가끔가다 이루어지는 수준이면 안 됩니다.

다음으로, 현 시점 기준으로 배당수익률이 높고, 최근 수치상 인플레이션을 감안하더라도 괜찮은 수준의 배당금 증액이 나온다고 하더라도, 이런 흐름이 오래 유지되지 못할 것으로 보인다면 투자하지 않습니다.

마지막으로, 배당금도 잘 나오고, 증액도 잘 되지만 주가 성장이 너무나도 지지부진한 경우에도 투자하지 않습니다.

미래를 정확하게 예측할 수는 없지만, 너무 불안한 종목이나 어려운 종목에 투자하지 않는다는 뜻입니다. 이걸 기반으로 유명한 배당주와 ETF들, 그리고 제가 그 종목들에 대해 어떻게 생각하고 투자했는지를 한번 살펴보도록 하겠습니다. 2025년 12월 기준입니다.

■ 알트리아 그룹

50년 이상 배당금 지급 및 증액으로 1, 2번 조건 충족, 연초 담배를 판매하는 회사로 연초 수요가 줄어들고 있으나 다양한 대체 상품 개발을 통해 계속해서 매출과 영업이익을 유지하고 있으므로 3번 조건 충족, 배당과 영업 실적 면에서는 꾸준히 우상향하는 모습을 보이고 있으나, 주가가 자주 요동치며 꾸준히 우상향하지 못하는 모습을 보여 4번 조건은 미충족.

가장 많이 보유 중인 종목이었으나, 얼마 전 주가가 급하게 상승하고, 그에 맞게 배당수익률이 떨어져서(25년 10월, 주가 68달러 기준 6% 수준) 하락이 나올 것이라고 판단하여 일부 매도 후 SCHD를 모아가고 있었음. 최근 다시 급락이 나오며, 살 만한 가격대, 배당수익률이 맞춰짐(25년 11월, 주가 56달러 기준 배당수익률 약 7.5% 수준). 매도를 멈추고 다시 모아가고 있음.

▪ 리얼티인컴

30년 이상 배당금 지급 및 증액으로 1, 2번 조건 충족. 부동산 리츠 회사로, 공실이 거의 없다시피 하며 임대료 인상, 새로운 부동산 투자 등 활발하게 사업이 진행되어 매출과 영업이익도 성장하고 있으므로 3번 조건 충족, 알트리아와 비교했을 때는 안정적으로 주가가 우상향하는 모습을 보여 4번 조건도 어느 정도 충족.

하지만 배당수익률이 5% 후반대로, 장기적으로 봤을 때 알트리아보다 안정적으로 수익을 낼 가능성이 높겠지만 현 시점 기준으로는 크게 매력을 느끼지 못하여 매수하지 않았음. 가격 변화에 따라 언제든 매수할 수 있는 종목임.

▪ SCHD ETF

10년 이상 배당을 지급한 기업 중 배당수익률, 순이익, 배당성장 등을 고려해서 매년 100개 기업을 골라 투자하는 ETF. 이것만으로도 1, 2, 3번 조건을 모두 충족함.

현 시점 기준 배당수익률은 3% 후반대로 매력적이지 못하지만, 100개 종목에 분산하여 투자하는 만큼 개별 기업에 생길 수 있는 위험을 회피할 수 있다는 안정성과, 연평균 10%에 달하는 배당성장률, 7%에 달하는 주가 상승률로 인해 장기투자에 적합함. 배당금만 생각한다면 위 두 종목보다 매력이 떨어지지만, 주가 상승으로 인한 수익을 포함한다면 안정적이면서도 더 높은 수익을 줄 수 있는 종목으로, 알트리아의 주가 상승이 나올 때마다 조금씩 매도 후 배당주를 100% SCHD로 채우려고 계획 중인 상태.

■ JEPI & JEPQ

각각 S&P500, 나스닥100 지수를 기반으로 하는 커버드 콜 상품.

커버드 콜이란 위 지수들에 투자를 하되, 지수가 상승을 하건,

하락을 하건 일정한 수익을 낼 수 있도록 미래 수익을 포기하고 현재 배당을 챙겨주는 전략이라고 할 수 있음.

하락장에서는 옵션을 통해 손실을 어느 정도 제한하면서 배당을 받을 수 있고, 횡보장에서는 손실 없이 안정적인 고배당을 받을 수도 있으나, 상승장에서는 상승분을 다 먹지 못하고 그 일부만 배당의 형태로 받아야 한다는 단점이 있음.

만약 이 부분에 대해 직관적으로 이해가 가지 않는다면, 상품에 대해 잘 모르는 상황이므로 투자하지 않는 것이 바람직함. 무엇보다, 출시된 지 얼마 되지 않은 상품으로 오랜 기간 동안 배당금을 지급해온 이력이 없으며, 배당수익률이 올라갔다 내려갔다 하는 모습을 보여

안정적인 배당금 상승도 기대할 수 없고, 상승장에 제한된 수익률만을 누릴 수 있어 장기적인 성장에 대해서도 의문을 품을 수밖에 없음.

최근 블로그, 유튜브를 중심으로 연 9-10% 배당을 주는 안전한 ETF라며 많이들 다루고 있는 종목이지만, 안전하다고 할 수 없음. 배당주와 배당 ETF 투자의 목적은 '안정적인 현금흐름'이기에, 장기 지속 가능성이나 안정성이 하나도 담보되지 않은 상품이라 투자하지 않음.

■ **맥쿼리인프라**

한국의 고속도로, 항구 등 인프라 시설에 투자를 하고, 거기서 나오는 수익금으로 배당을 주는 회사. 배당수익률은 25년 11월 기준 6.6% 수준으로, 좋은 편임. 한국 회사라는 점에서 한국인들이 접근하기 쉬운 회사이며, 꾸준히, 안정적으로 배당을 지급하며 배당금을 인상했다는 점에서 긍정적으로 보고 있었으나, 최근 8년간 이어져 오던 배당금 인상이 중지되고, 배당이 삭감되는 모습을 보임. 매우 중요한 2번 조건을 충족하지 못하였고, 꾸준한 주가 상승이라는 조건도 충족하지 못하여 투자 후보에서 제외되었으나, 사업의 지속 가능성이나 꾸준한 배당금 지급 면에서는 나쁘지 않음.

배당주 투자를 이제 시작하시는 분들이라면, 위에서 말씀드린 개별 종목, ETF들에 대해 좀 더 공부를 해보시고, 이 종목들을 기반으로 투자를 시작해보시는 것이 좋습니다. 개인적인 생각이지만, 이 글을 쓰는 2025년 12월 기준으로 다음과 같이 간략한 제안을 드리니 한번 입문해 보시면 어떨까 합니다.

- 안정적인 투자, 신경 쓰지 않는 투자를 길게 하고 싶다 ▶ **SCHD**
- 안정성과 함께 어느 정도 배당 수익률을 원한다 ▶ **리얼티인컴**
- 안정성이 조금 떨어지더라도 높은 배당을 원한다 ▶ **알트리아**
- 안정성, 지속 가능성에 관계없이 높은 배당만을 원한다 ▶ **JEPI, JEPQ**
- 그래도 한국 주식에 투자하고 싶다 ▶ **맥쿼리인프라**

다른 어떤 종목을 찾으시더라도, 이 정도의 분석을 하고 자기 스스로 투자 결정을 했다면, 어떤 결과가 나오건 후회할 확률이 상당히 줄어들 것이라고 생각합니다.

한국에서는 찾아보기가 힘들지만, 미국에 있는 회사들의 경우 25년 이상 배당금을 인상한 '배당귀족', 50년 이상 배당금을 인상한 '배당킹' 타이틀을 달고 있는 곳들도 쉽게 찾아보실 수 있으니, 위에 나온 종목이 아니라도 이런 타이틀이 있는 종목들에 대해 공부해보시는 것도 추천드립니다.

다만 개별 종목의 경우 그전 50년간, 25년간 그래 왔기에 앞으로도 꾸준할 가능성이 '상대적으로 높은' 것이지, '무조건' 그러리라는 보장이 없다는 점은 알아두셔야 합니다. 실제로 배당귀족, 배당킹 종목들도 배당금이 삭감되며 타이틀을 반납하고 주가가 폭락한 사례가 있으니, 반드시 주의하셔야 합니다.

이런 부분에 대한 위험을 줄이자면 여러 배당주들로 구성된 배당 ETF를 사시는 걸 추천드립니다.

네 단계를 모두 밟으면
갖게 되는 월 수입

여기까지 보셨다면, 앞으로 해야 할 일과 그로부터 나오게 될 월 수입은 다음과 같습니다.

1단계. 정년까지 일하기 ▶ 공무원연금 월 300만 원

2단계. 연금저축 연 600만 원 + S&P·나스닥 모으기 ▶ 개인연금 월 200만 원

3단계. 필요한 경우 주택연금 활용 가능

4단계. 100만 원 배당주 모으기 + 배당금 재투자 ▶ 배당금 월 200만 원

받는 돈을 다 쓰고 연 600만 원만 연금저축을 해도 '현재가치 기준' 월 500만 원의 수입, 월 100만 원씩만 추가로 저축해도 월 700만 원의 수입이 나오게 됩니다. 연 8,400만 원이라고 보면, 현 시점 기준 약

1,000만 원 정도를 세금으로 내니, 일하지 않고도 월 600만 원 이상의 소득을 얻을 수 있다는 결론이 나옵니다. 만약 부부교사라면 월 1,200만 원까지 가능하다는 계산이 나오겠죠. 이 정도면 매달 다 쓰기도 쉽지 않을 겁니다. 심지어 개인연금에 들어 있는 S&P와 나스닥은 계속 상승해, 돈을 뽑아 써도 잔액이 유지될 것이고, 배당주도 마찬가지이며, 아파트도 주택연금을 쓰지 않는다면 그대로 유지됩니다. 대기업과 비교하면 여기까지 가는 길이 쉽지는 않습니다. 하지만 교사의 수입만으로도 여유로운 삶을 만드는 것은 충분히 가능합니다. 최소한의 실천만으로도 만들 수 있고요.

• Chapter 7 •

여유로운 삶을
앞당겨주는 부수입:
연 300만 원은
누구나 할 수 있다

좀 더 여유로운 삶 또는 빠른 은퇴,
어떻게 만들 수 있을까

여유로운 삶을 만들기 위해 해야 할 일은 쉽지는 않지만, 구조는 간단합니다. 정년까지 일하고, 연 600만 원을 따로 저축하면 끝입니다. 다만 "이걸 30~40년 동안 어떻게 지속하느냐"라고 생각하시는 분들도 계실 수 있습니다. 20년 정도라면 버텨보겠다고 하시는 분들도 계시 겠지요.

사실 20년만 해도 가능합니다. 대신 선택지는 둘 중 하나입니다. 여유로운 삶의 기준을 낮춰 상대적으로 적은 금액으로 생활하거나, 20년 내에 많은 돈을 벌어 월 수입 구조를 확실하게 세팅해두거나. 앞에서 말씀드린 대로 적당히 모아둔 연금·연금저축·명예퇴직수당만 잘 활용해도 20년 차에 퇴직하더라도 일을 하지 않고 들어오는 수입만으로 '생활' 자체는 가능합니다. 다만 '여유'가 충분하지 않을 뿐입니다. 이런 삶이 괜찮다면 만족을 느낄 수 있겠지만, "은퇴는 빨리 하고 싶지만 여유도 포기하고 싶지 않다"고 하신다면 그 20년 동안은 더 열심히 일을 해야 합니다.

가장 좋은 건 교직의 전문성과 가치가 높게 인정받아, 교사 업무만으로도 급여가 대기업 수준으로 올라가는 것입니다. 하지만 현실적으로 그런 가능성은 높지 않습니다. 국가 전체가 저성장 국면에 들어섰고, 국가 예산도 넉넉하지 않으며, 전체 근로자 임금 수준을 고려하면 교사 임금이 "상대적으로 낮다"고만 보기도 어렵기 때문입니다.

이런 상황에서 20년 또는 10년 안에 모든 걸 끝내려면 현실적인 방법으로는

① 더 높은 보수를 주는 직장으로 이직하거나

② 주식·코인 등 단기 투자로 큰 성공을 하거나

③ 교직의 안정성을 기반으로 법적 절차를 갖추어 부수입을 만들고 저축액을 늘리는 방법

이 있을 것입니다. 저는 세 번째 방법, 즉 부수입이 가장 안전하고, 지속 가능하며, 실제로 은퇴를 앞당길 수 있는 길이라고 생각합니다.

평범한 교사들의
건강한 부수입 만들기

사실 투잡, 쓰리잡을 하시는 선생님들은 알게 모르게 꽤 많습니다. 편법이나 불법에 해당하는 방식(타인 명의 스마트스토어 운영, 현금 알바 등)을 시도하는 분들도 있고, 절차를 지켜 겸직허가를 받고 합법적으로 부수입을 올리는 분들도 있습니다.

2023년 기준, 겸직허가를 받은 교사는 1만 2천 명, 이 중 1,600명은 연간 500만 원 이상의 부수입을 올렸습니다. 3개월 동안 1,000만 원이 넘는 부수입을 만든 교사도 있었는데요. 글을 쓰고 있는 2025년에 이 숫자는 더 늘었을 가능성이 큽니다.

부업을 하는 이유는 당연히 '추가적인 자금을 가지기를 원해서'입니다. 물론 자아실현을 위해 하는 분들도 있습니다. 돈이 필요한 이유는 생활비 부족 때문일 수도 있고, 현재의 여유를 위해서일 수도 있고, 미래의 안정과 풍요를 위해서일 수도 있으며, 앞서 말했듯 빠른 은퇴를 위해서일 수도 있습니다. 중요한 점은 이미 많은 교사가 부수입 활동에 참여하고 있다는 사실입니다.

예전에는 교사가 월급 외 부수입을 얻는 것이 사실상 금지되던 시기가 있었습니다. 겸직이 위법이던 시절이고, 극히 일부 교사만 강연을 나가 소액의 강사비를 받는 정도가 가능했지요. 하지만 지금은 다릅니다.

교직 내 전문성을 가진 소수가 독점하던 연수·강연·집필의 문도 넓어졌고, 과거에는 교직 관련 활동만 겸직허가 대상이었지만 요즘은 개인 SNS 운영도 겸직허가가 가능해져 조회수 기반 수익도 합법적으로 얻을 수 있게 되었습니다. 따라서 부수입의 형태는 다양해지고, 접근성은 좋아졌으며, 규모도 커졌습니다.

'교사의 부수입·겸직'이라는 단어가 주는 대표적인 이미지는 흔히 '민폐'입니다. 예를 들어 교사 브이로그 영상에 학생 얼굴이 그대로 노출된다거나, 동료 교사가 편집 없이 등장하는 장면이 올라온다거나 하는 문제들이 요즘 종종 지적됩니다. 또는 수업 시간에 카메라를 두고 촬영하느라 수업에 집중하지 못하는 사례, 유튜브 활동에 지나치게 몰입해 본업에 영향을 주는 사례 등이 논란이 되기도 합니다.

또 하나의 대표적인 예시는 이렇습니다. 개인 실적을 쌓아 외부강의를 다니고 부수입을 올리는 교사가 학교 업무를 소홀히 하거나, 학급 운영을 제대로 하지 않아 주변 교사가 고충을 겪는 경우에 대한 이야기입니다. 회의나 업무에 지장이 생긴다는 불만을 들어보신 분들도 계실 겁니다.

이처럼 지금까지 일부 교사의 부수입 활동이 '남의 고생 위에 개인 이익만 챙기는 것'이라는 인식으로 이어지는 경우가 적지 않았습니다. 외부강의를 자주 나가는 교사에 대해 주변에서 곱지 않은 시선을 보내거나 뒷말이 생기는 경우도 실제로 존재합니다. 제가 보기에는 학급 경영도, 전문성도, 업무도 훌륭한 분이었는데 외부강의를 한다는 이유만으로 험담을 듣는 모습을 보면 마음이 불편했던 기억이 있습니다.

저 역시 본명이나 지역을 공개하지 않고 '돈미샘'이라는 이름으로 연수·집필 활동을 하는 이유도 이와 무관하지 않습니다. 대부분의 선생님은 '부수입을 한다'는 이유만으로 누군가를 비난하지 않습니다. 하지만 비난할 소재를 찾는 사람들에게는 부수입 활동이 좋은 공격 재료가 되기도 합니다. 외부강의를 한다는 사실이 알려지면, 전에는 관심도 없던 부분을 곡해하여 보는 경우도 분명 존재합니다.

저는 제 업무에 스스로 떳떳하고, 어려운 학년·업무를 맡으면서도 외부강의 활동을 병행하고 있으며, 혹여 뒷말이 나온다고 해도 크게 흔들릴 성격은 아닙니다. 그럼에도 온라인이나 주변에 신상을 공개하지 않는 이유는, 그런 소리를 들으면 제가 가만히 있지 못하고 대응해버릴 게 뻔하기 때문입니다.

아마 부수입 활동을 고려하거나 이미 하고 계신 선생님들도 이런 걱정을 어느 정도 하실 거라고 생각합니다. 이제는 인식 자체를 바꿔야 합니다.

자기 업무를 성실히 수행하면서, 추가적으로 전문성을 기르고, 이를 나누는 과정에서 부수입을 얻는 교사는 비난받을 이유가 없습니다. 특히 요즘처럼 교사 업무 강도가 높고, 월급이 낮다는 말이 나오는 상황에서는 더더욱 그렇습니다.

본업도 벅찬데 그걸 해내면서, 쉬어야 할 시간에 전문성을 개발하고, 부수입까지 만들어내는 것은 정말로 대단한 일입니다. 양심을 걸고 내 일에 소홀함이 없다면, 그리고 타인에게 피해를 주지 않는다면, 이는 비난의 대상이 아니라 존중받아야 할 노력입니다.

연봉 300만 원 높이기 프로젝트

저는 여러 가지 방법으로 부수입을 벌어들이고 있습니다. 대표적으로 '교사의 재테크'를 주제로 연수를 하고 있는 '돈미샘'이라는 캐릭터를 예로 들어볼 수 있는데요.

사실 재테크와 관련해 주변 선생님들께 조언을 드리고, 이런저런 정보들을 나누며 지낸 지도 벌써 8~9년이나 되었습니다. 그때마다 선생님들께서는 "이런 게 연수로 나오면 좋을 텐데"라는 말씀을 많이 해주셨는데요. 정작 이 주제로 연수를 시작한 건 고작 1년밖에 되지 않았습니다. '교사의 재테크'는 연수를 할 수 있는 주제가 아니라고 여겨왔기 때문입니다.

흔히 '연수 강사'라고 하면 특정 분야의 전문가여야 하고, 그 전문성을 증명해 주는 것이 '학위'라고 생각하곤 합니다. 저는 이쪽 분야와 관련된 학위도 없었고, 그래서 누군가가 저를 불러줄 일도, 연수를 할 자격도 없다고 생각하며 지냈습니다.

그런데 어느 날 사설 연수원 홈페이지를 보니, 선생님들께서 정말 다양한 주제로 연수를 하고 계시더군요. 학생 교육과 직접적인 관련이 있는 내용은 물론, 직접적인 관련이 없는 마음 다스리기, 여행지 추천, 동영상 편집 등의 주제까지 있었습니다.

어느 한 분야를 가지고 대학원까지 나오고 논문까지 써야만 '전문가'로 인정받던 시대를 지나, 이제는 학위가 없더라도 교사 개인이 충분한 콘텐츠를 가지고 있다면 그것만으로도 '전문가'로 인정받을 수 있는 시대가 된 것입니다.

한 학교에 한두 명씩은 유튜브·인스타그램 채널을 운영하는 선생님들을 어렵지 않게 찾을 수 있고, 출판을 하거나 연수를 운영하는 선생님들도 흔히 볼 수 있게 되었습니다. 이 모든 사례가 바로 '교사 부수입'의 문이 예전에 비해 상당히 넓어졌다는 것을 보여줍니다.

제가 이런저런 인터넷 커뮤니티에 '열심히 하면 누구나 부수입을 만들 수 있다'는 내용이 담긴 글을 올리면, 반응은 크게 두 가지로 나뉩니다.

하나는 "너야 어느 정도 능력이 있고 전문 분야가 있으니까 하는 거지, 평범한 사람은 절대 못한다"는 반응이고, 다른 하나는 "방법이 있다면 배워서 해보고 싶은데, 가르쳐 줄 수 있느냐"는 반응입니다.

저는 학교 내에서 상위 10% 이내의 업무량이라고 할 수 있는 학년과 업무를 맡고 있고, 이제 막 돌이 된 아기를 키우면서도 부수입을 만들기 위한 활동을 병행하고 있기 때문에, "교사가 될 정도의 지능과 의지, 열정, 실행력만 있다면 누구나 할 수 있다"는 생각을 가지고 있었습니다. 다만 저 이외의 다른 분이 처음부터 그 과정을 밟아가는 모습을 지켜본 적은 없었습니다.

그래서 실험을 하나 해보기로 했습니다. 먼저, 매일 얼굴을 마주치는 동학년 선생님들을 연수 강사로 나가게 하는 것을 목표로 삼았습니다. 각자 재미있게 다루는 도구 한두 개씩은 있었지만, 대학원에서 전공으로 배웠다거나, 연수를 해본 적이 있다거나, 논문을 써본 적이 있다거나 할 정도는 아니었습니다. 쉽게 말해, "스스로를 연수를 할 정도의 전문성을 가진 사람이라고 생각해 본 적이 없는 평범한 교사들"이었습니다.

제가 이분들께 해드린 일은 아주 단순했습니다. 부수입을 만들 수 있는 루트를 알려드리고, 해야 할 일을 정리해 드리고, 만날 때마다 "지난번에 말씀드린 거, 다 해보셨어요?"라고 묻는 것뿐이었습니다. 그 결과, 시작한 지 두 달 만에 동학년 모든 선생님들이 강사 활동을 하며 부수입을 만들어내는 데 성공하셨습니다.

그중 한 분은 이 활동에 재미를 붙이셔서, 좋은 기회가 이어지며 월 70만 원 정도의 부수입을 만들어내기도 하셨습니다. 2~3개월 만에 나온 결과치로는 꽤 큰 금액이라고 할 수 있습니다.

그래서 '온라인으로도 이런 과정을 만들 수 있지 않을까?'라는 생각을 하게 되었습니다. 마침 제 연수를 수강하셨던 선생님들 중 신청자를 받아 '연봉 300만 원 늘리기 프로젝트'를 시작했고, 단체 채팅방을 만들어 매주 과제를 내고 피드백을 주고받는 방식으로 운영해 보았습니다. 그 결과, 참여하신 20분의 선생님 중 18분이 실제로 부수입을 창출하는 데 성공하셨습니다. 그리고 제가 내드린 과제를 끝까지 해놓고도 부수입 창출에 실패한 분은 단 한 분도 없었습니다.

처음 생각했던 대로, 교사가 될 수 있을 정도의 지능과 "돈을 벌고 싶다"는 열정, 그리고 실행력이 있으면 부수입을 만드는 것은 충분히 가능했습니다. 그리고 아무리 평범한 사람이라도, 약간의 가이드라인과 긍정적인 에너지를 함께 나누며 달려갈 동료들이 있으면, 단기간에 성과를 내는 것도 가능했습니다.

부수입의 시작, 지식샘터

지금부터는, 제가 함께 해온 선생님들이 실제로 부수입을 만들어낸 방법과 앞으로 그 부수입을 늘려갈 수 있는 방법에 대해 이야기해 보겠습니다.

부수입에 관심이 있으시다면, 가장 먼저 '지식샘터'를 활용해보시라고 권하고 싶습니다. 지식샘터는 선생님들이 스스로 에듀테크 관련 연수를 만들어 진행할 수 있는 플랫폼입니다. 수강자 입장에서는 무료로 현직 교사가 진행하는 에듀테크 관련 연수를 들을 수 있다는 장점이 있고, 연수 강사 입장에서는 나라에서 강사료를 지급해주기 때문에 매우 편안한 부수입 루트가 됩니다.

3시간 연수 기준으로 22만 원의 강사료를 받을 수 있으며, 서로 다른 주제로 월 최대 3개의 연수를 진행할 수 있습니다. 세 강좌를 모두 진행하게 되면, 월 66만 원의 부수입이 생기게 되는 셈입니다.

단, 연수비가 지급되기 위한 조건이 있습니다. ① 연수 교안을 직접 제작해 심사에 통과해야 하며 ② 해당 연수를 5명 이상이 신청해야 하고 ③ 그중 3명 이상이 이수해야 합니다.

허공에 대고 혼자 연수를 하는 것이 아니라, 적어도 5명의 신청을 받고 3명의 선생님께 실제로 도움을 드려야 한다는 뜻입니다. 사실 이것만으로도 지식샘터는 충분히 좋은 플랫폼입니다. 게다가 지식샘터 연수를 통해 만난 선생님으로부터 학교 현장 강의를 요청받아 추가 연수로 이어질 수도 있어, 발전 가능성도 매우 큽니다.

다른 학교로 나가는 연수의 경우, 보통 2시간 기준 원고비를 포함해 28만 원 정도의 강사료를 받게 됩니다. 지식샘터에 내 강좌 3개를 올려 진행하고, 외부 강의를 2번만 나가도 월 120만 원 정도의 부수입을 올릴 수 있다는 계산이 나옵니다.

교안 제작은 길어도 1~2주 안에 마무리할 수 있고, 연수 수강생 3~5명을 모으는 것도 그리 어려운 일은 아닙니다. 무엇보다 교안을 심사하는 과정에서 "이유는 말씀드리기 어렵지만 탈락입니다"가 아니라 "이 부분 때문에 승인을 드리기 어렵습니다. 이 부분을 고쳐 다시 제출해 주세요"라는 식으로 피드백이 오기 때문에, 뒤에서 다룰 공모전처럼 선정 확률이 극단적으로 낮은 구조도 아닙니다. 노력하면 '충분히, 그리고 실제로' 해낼 수 있다는 점이 지식샘터의 가장 큰 장점입니다.

강의를 시작했다면, 다음은 셀프 브랜딩

처음 강의를 시작할 때는 어떻게든 수강생을 모을 수 있지만, 같은 강의를 계속하다 보면 어느 순간 수강생 모집이 어려워지는 시기가 옵니다. 이때는 계속해서 새로운 콘텐츠를 개발하는 방법도 있지만, 장기적으로는 '나'라는 사람을 더 많은 이에게 알리는 작업이 필요합니다. 이 과정을 여기서는 '브랜딩'이라고 부르겠습니다. 남이 대신해 줄 수 없으니, '셀프 브랜딩'이라는 표현을 쓰고 싶습니다.

브랜딩이라는 게 거창한 건 아닙니다. 어딘가에서 꾸준히 활동하며 나의 글과 자료를 사람들에게 노출시키고, 유용한 정보를 제공하며 내 콘텐츠를 좋아해 주는 사람들을 늘려가는 활동입니다.

개인 블로그를 활용할 수도 있고, 교사 커뮤니티나 카페를 활용할 수도 있으며, 인스타그램이나 유튜브 같은 플랫폼을 사용할 수도 있습니다. 중요한 건 '나'라는 사람을 다양한 방법으로 알리고, 꾸준히 자료를 공유하며, 그 기록을 계속 쌓아가는 것입니다. 그렇게 되면 나를 찾는 사람이 점차 늘어나고, 자연스럽게 강의 수요도 늘어나게 되겠지요.

이 단계에 이르면, 3시간 연수로 22만 원(시급 약 7만 원)을 벌 수 있는 지식샘터를 넘어 그다음 단계로도 나아갈 수 있게 됩니다.

지식샘터로 만든 기본소득, 이제는 사업으로

교사가 연수를 할 수 있는 플랫폼은 다양합니다. 그중 하나가 지식샘터이고, 위에서 말씀드렸다시피 지식샘터는 5명만 모으고 3명만 이수해도 22만 원의 연수비를 나라에서 지급하는 시스템입니다. 비교적 조건 달성이 쉽고 안정적으로 수익을 낼 수 있는 방법이지만 분명 한계도 있습니다.

월 최대 3개까지만 강좌 개설이 가능하고, 같은 강의를 5명이 듣든 10명이 듣든 50명이 듣든 강사료는 22만 원으로 동일하기 때문에 생기는 한계입니다.

반대로 나의 콘텐츠와 나에 대한 신뢰가 충분히 쌓이고, 내가 제공하는 내용에 기꺼이 비용을 지불할 의사가 있는 팬층이 형성된다면 그때부터는 개인적으로 '연수 사업'을 해볼 수 있습니다.

이때는 현금이나 계좌이체로 직접 돈을 받는 방식이 아니라, 교사 자율연수 플랫폼을 활용하면 됩니다. 대표적인 예로 쌤동네 연수원을 들 수 있습니다. 많은 선생님이 다양한 주제로 연수를 진행하고 있는 플랫폼으로 학급경영·수업자료·재테크·에듀테크 등 여러 주제를 다루고, 강사가 정한 연수비를 지불하고 교사가 자율적으로 선택해 수강하는 구조입니다.

'나'라는 사람이 제공할 수 있는 콘텐츠가 충분히 매력적이고, 가격이 합리적이라면, 여기서는 수강생을 모으는 만큼 내가 정한 가격에 맞춰 수입을 얻을 수 있습니다. 나를 아는 사람이 많아야 하고, 지식샘터보다 더 높은 가격을 받을 수 있으려면 콘텐츠의 질과 홍보 모두 중요하지만, 잘만 된다면 지식샘터보다 훨씬 큰 수익도 기대할 수 있습니다. 말 그대로 개인 사업이라고 보시면 됩니다. 물론 겸직허가 절차를 거쳐 진행하는 깔끔한 방식으로요.

이 단계에 들어서면, 경우에 따라서는 부수입만으로도 생활이 가능한 구조를 만드는 것도 가능해집니다.

자료가 쌓였다면
공모전도 도전해 보자

개인적으로 연구하고 연수를 진행하며 쌓아온 자료는 그 자체로도 좋은 포트폴리오가 됩니다. 여기에 더해 학교로 오는 각종 공모전이나 정책구매제에 이 자료들을 응모해 이름을 알리고 상금을 받는 것도 가능합니다.

물론 매번 입상할 수는 없겠지만, 계속 자료를 만들고 다듬는 과정을 반복하다 보면 언젠가는 하나쯤 선정되기 마련입니다. 이미 만들어 둔 자료를 적절한 타이밍에 적절한 공모전에 제출하기만 하면 되니, 앞에서 설명한 과정들을 성실히 밟아가고 있다면 크게 부담되는 일은 아닙니다.

나는 그런 전문성이 없는데요?

제가 동학년 선생님들, 연수 수강생들을 대상으로 부수입 만들기 프로젝트를 진행할 때, 그리고 주변 지인들께 "이렇게 한번 해보시라"고 말씀드릴 때 가장 많이 들었던 말이 바로 이겁니다. "내가 이제 와서 그걸 한다고 해봤자 나보다 전문적으로 하는 사람이 훨씬 많은데, 누가 내 강의를 듣겠냐.", "잘 못하면 어떡하냐." 함께해 온 분들께 제가 항상 드리는 말은 이렇습니다.

"못하는 게 아니라, 안 하는 거다."
"잘했냐, 못했냐의 문제가 아니라, 했느냐 안 했느냐의 차이다."

모든 사람에게는 첫 시작이 있습니다. 지금 전문성을 인정받으며 강의를 하고 계신 분들도 예외는 아닙니다. 이미 많은 사람이 활동하고 있는 분야일지라도, 내가 가진 설명 방식과 경험이 누군가에게는 더 잘 와닿을 수 있습니다.

처음에는 조금 미숙할 수도 있습니다. 하지만 연수를 진행하며 계속 발전시켜 나가면 됩니다.

초등학생도 따라 할 수 있는 간단한 프로그램 사용법이라도, 처음 접하는 사람에게는 정말 큰 도움이 됩니다. 부수입 만들기를 막 시작하는 단계에서부터 대학 교수 수준의 전문성이 필요한 것은 아닙니다.

내가 가르치고자 하는 내용을 처음 접하는 사람이 이해할 수 있을 정도의 강의 능력, 교안을 만들고 강의를 해보겠다는 열정, 그 이후에도 자료를 꾸준히 보완해 가며 자신을 발전시키려는 의지와 실행력만 있다면, 전문성은 그 과정 속에서 계속 자라나게 됩니다.

이 글을 읽고 계신 선생님들께 다시 한번 말씀드립니다. 잘하느냐, 못하느냐의 문제가 아닙니다. 했느냐, 안 했느냐의 문제입니다.

부수입 연 300만 원은 시작일 뿐

사실 부수입 연 300만 원은 월로 나누면 약 25만 원 수준입니다. 지식샘터 연수를 월 1회만 진행하고, 다른 루트로 연간 60만 원 정도만 더 벌어도 만들 수 있는 금액입니다. 처음 시작하시는 분들은 이 정도만 되어도 꽤 만족감을 느끼시지만, 충분한 열정과 에너지, 그리고 함께 달려갈 동료들이 있다면 연 1,000만 원, 2,000만 원도 충분히 가능합니다.

저 역시 프로젝트를 진행하며 인연이 닿은 분들과 지속적으로 소통하고 정보를 나누고 있고, 추후에는 연구회를 조직해 함께 활동해 볼 계획도 세우고 있습니다. 이미 2~3개씩 연수를 진행하고 계신 분들도 계셔서 1~2년 뒤에는 연 1,000만 원 이상 부수입을 올리시는 분들도 나오지 않을까 기대하고 있습니다.

사실 돈도 중요하지만, 이런 활동을 하는 것 자체에서 큰 보람을 느끼는 경우도 많습니다. 교직 경력이 쌓이며 매년 비슷한 루틴이 반복되는 데서 오는 무료함을 느끼시던 선생님이 부수입 활동을 통해 새로운 재미와 활력을 찾는 경우도 있습니다. 교사의 처우 악화에 대한 분노를 원동력 삼아, 그 에너지를 전문성 개발과 부수입 창출로 전환해 긍정적인 변화를 만들어 내는 분들도 계십니다.

심심하게 지내거나 화만 내며 시간을 보내기보다는 좋은 방향으로 에너지를 쓰는 것만으로도 큰 성취감을 느낄 수 있습니다. 여력이 되신다면, 꼭 한 번은 부수입 창출에 도전해 보시기를 권합니다.

이렇게 부수입을 통해 번 돈을 투자하거나 잘 활용하면, 월급만으로도 만들 수 있었던 여유로운 삶을 넘어 더 빠른 은퇴 혹은 더 여유로운 삶을 설계하는 것이 가능해집니다.

생각해 보시면, 연 600만 원만 저축해도 노후에 월 200만 원 상당의 수익이 생기는데, 연 1,200만 원을 저축하면 400만 원, 1,800만 원을 저축하면 600만 원 수준의 수익을 기대할 수 있습니다.

빠른 은퇴, 혹은 더 여유로운 삶을 꿈꾸신다면, 부수입은 선택이 아니라 반드시 한 번쯤은 시도해 볼 만한 과제라고 말씀드리고 싶습니다.

하지 않는 이유가 있는 분들께

저는 계획하고 생각하는 걸 좋아합니다. 공부하는 것도 좋아하고요. 그런데, 하는 걸 잘 못합니다. 계획대로 하기만 하면 돈을 벌 수 있는 일들을 잔뜩 깔아놓고도 그걸 하지 않아, 벌 수 있던 돈을 계속 놓칩니다. 운동도 마찬가지입니다. 식단과 운동 스케줄까지 다 세워놓고도 막상 운동을 하질 않습니다. 시작해도 며칠 하다가 그만두는 경우가 대부분입니다. 그런데, 이런 사람이 저만 있는 건 아닙니다.

요즘은 간단한 비대면 계좌개설이나 회원가입만 해도 3~4만 원씩 들어오는 이벤트들을 생각보다 쉽게 찾아볼 수 있습니다. 본인이 하면 3만 원, 한 명이 더 하면 6만 원, 온 가족이 하면 10~20만 원이 나오는 이벤트들이죠. 이런 이벤트는 거의 매달 나옵니다. 보상 금액도 적게는 5천 원, 많게는 10만 원까지 나옵니다.

신규 교사가 월 20일 출근하고 200만 원을 받는 상황을 생각해보면, 휴대폰으로 1~20분 정도 투자해서 3~5만 원을 벌 수 있는 이런 이벤트들은, '월급이 적다', '부자가 되고 싶다'고 말하는 사람이라면 절대로 건너뛰어서는 안 되는 것들입니다.

학교에서 저를 돈미샘으로 알고 계시는 분들도 있고, 그냥 재테크에 관심 많은 젊은 교사라고 아시는 분들도 있어서, 많은 분들이 어떻게 하면 돈을 벌 수 있는지를 묻습니다. 선생님들이든 친구들이든 질문은 다양합니다. '어떤 종목을 사야 하느냐', '부수입은 어떻게 내느냐' 같은 질문들인데요. 종목은 말씀드릴 수 있지만 결과는 본인이 책임지셔야 하고, 부수입에 대해서는 최대한 상세하게 알려드립니다. 특히 위에서 말한 1~20분 투자해서 돈을 버는 이벤트는 동학년뿐 아니라 제 연수를 듣는 분들과도 꾸준히 공유합니다. 단순히 이벤트 링크만 던져주는 게 아니라 기본 내용, 참여 방법, 더 벌 수 있는 방법까지 정리해서 드리곤 합니다. 그런데도 실제로 하는 사람은 거의 없습니다.

　　돈이 필요하고, 방법을 알고 싶다고 하지만, 실행하는 사람을 찾기는 정말 어렵습니다. 사유는 다양합니다. 개인정보 때문에 걱정된다, 코인 거래소라 무섭다, 계좌 개설이 어렵다, 하려고 했는데 기한을 놓쳤다 등등. 가장 당황스러운 건 "그 돈 벌자고 그렇게까지 해야 하나 싶어서요." 이벤트를 제대로 이용한 분들은 하나만 해도 100만 원씩 벌어 가는데, 아무리 알려줘도 하지 않는 분들은 결국 한 푼도 못 벌고 넘어갑니다.

　　돈을 버는 데 있어서 '품위'를 중요시하는 분들도 계십니다. 하지만 저는 이렇게 생각합니다. 타인에게 피해를 주지 않는다면, 그리고 내가 진짜 돈이 필요하다면, 돈을 버는 일을 부끄러워할 필요가 없습니다. 그냥 하면 됩니다. 이건 휴대폰 이벤트뿐 아니라, 모든 재테크·부수입 활동에도 동일하게 적용됩니다.

안 할 이유는 정말 많습니다. 진짜 하려 했는데 바빠서, 내년부터는 하려고 했는데, 물린 것만 정리하면, 이제 조금 안정되면…. 이런 '핑계'가 쌓일수록, 여유로운 노후는 멀어집니다. 이 핑계들은 결국 자신과의 싸움입니다.

안 할 이유를 찾지 말고, 그냥 하시면 됩니다. 생각이 깊어질수록 더 못 합니다. 그냥 '딱 하루 5분만 해본다'는 마음으로 시작하면 됩니다. 막상 해보면 어려울 것도, 부끄러울 것도 없습니다.

옆을 볼 필요가 없다

재테크는 자신과의 싸움입니다. 어제의 나보다 내일의 내가, 1년 뒤의 나보다 10년 뒤의 내가 더 여유로우면 그걸로 끝입니다.

교사는 근무만 해도 연금이 쌓여 노후 대비가 가능하고, 앞에서 소개한 방법들을 조합하면 재테크 측면에서 큰 실패가 나오기 어렵습니다.

이 책을 읽다 보면, '고작 이걸로 재테크가 된다고?'라는 생각이 들 수도 있습니다. 맞습니다. 방법 자체는 간단합니다. 그리고 한 번 알고 나면 어렵지 않습니다.

그러나 실천은 쉽지 않습니다. 모두가 살 빼는 법을 알지만 실제로 빼지 못하는 것처럼, 노후 준비 방법을 알고 있어도 꾸준히 해내는 사람은 많지 않습니다.

재테크는 사람의 의지를 흔드는 요소가 정말 많습니다. 특히 옆 사람들 이야기가 강력하게 흔듭니다. 집을 사려고 하면, "집값 떨어진다"고 말리는 사람들. 미국 ETF 장투하겠다고 하면, "지금 들어가면 물린다"는 사람들. 내가 7% 수익 내는 동안 한 달 만에 코인으로 몇 배 벌었다는 이야기를 들려주는 사람들.

이런 이야기를 계속 들으면, "연 7% 복리가 시간이 지나면 몇십 배가 된다"는 원칙은 순식간에 잊힙니다. 그리고 어느 순간 '나도 한번…?' 하는 마음이 생기며 위험한 선택을 하게 됩니다.

개별주나 코인을 하지 말라는 뜻이 아닙니다. 하지만 준비되지 않은 상태에서 남 따라 들어가면 망할 확률이 높습니다. 인생은 '실패하더라도 망하지는 않게' 설계해야 합니다. 교사는 더 그렇습니다. 한번 크게 실패하고 회복 가능한 직업이 아니기 때문입니다.

재테크는 결국, 당연한 일을 오래 꾸준히 하는 싸움이며, 옆에서 어떤 일이 일어나도 내가 세운 원칙을 지키는 싸움입니다. 굳이 옆을 볼 필요 없습니다. 비교할 필요 없습니다. 앞만 보고 꾸준히 가는 사람이 이깁니다.

꾸준함과 성실함

이제 선생님들께서 여유로운 노후를 준비하는 데 필요한 지식은 거의 다 설명드렸습니다. 우리에게 이제 남은 것은 단 하나의 질문입니다.

"이걸 꾸준히 실천할 수 있는가?"

힘든 순간에도 견디고, 팍팍한 시기에도 연금저축은 채우고, 내 집을 마련해 살아가는 것. 연간 600만 원을 저축하는 것은 전혀 불가능한 목표가 아닙니다. 공부도, 운동도 마찬가지입니다. 결국 잘하는 방법은 꾸준함과 성실함뿐입니다.

제가 말씀드린 재테크 방식들은 에너지가 많이 드는 방식이 아닙니다. 다만 지루함을 견뎌야 합니다. 계좌를 만들어 자동이체를 걸어두는 일, 연금저축을 채워두는 일, 매달 ETF를 사 모으는 일. 모두 '재미있는' 일은 아닙니다. 하지만 이 지루함을 견딘 사람이 나중에 여유를 누립니다.

꾸준하게, 그리고 성실하게. 이 두 가지가 선생님 인생의 여유를 결정합니다.